CD2枚付
聞いて
話して
覚える

Oral Communication Training Series

今すぐ話せる
ロシア語

入門編

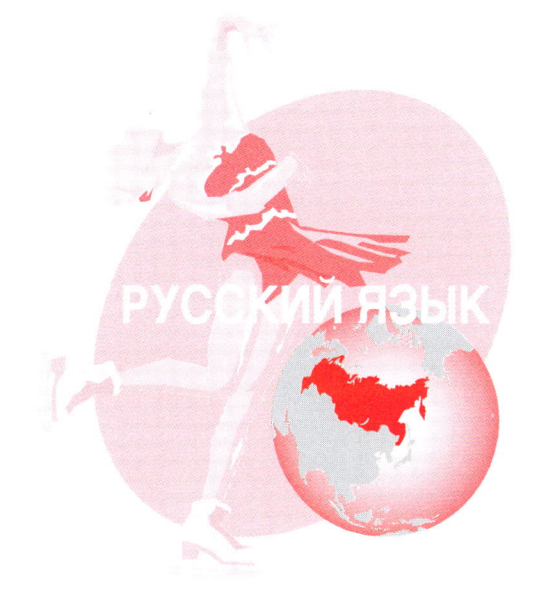

РУССКИЙ ЯЗЫК

阿部昇吉

発刊にあたって

　観光や留学、ビジネスなどを通じて、従来にも増して海外との交流が活発化しています。しかし、多くの日本人にとって外国語によるコミュニケーションは最も苦手とするところであり、外国人との会話にはつい逃げ腰になることが少なくありません。これについては、多くの識者も指摘しているように、日本における文法中心主義の外国語教育体制そのものに起因していることは間違いありません。
　「今すぐ話せるシリーズ」は、この教育体制への反省に立ち、外国語を音声によって繰り返し聞きながら、発音や言い回しなどを覚え、反射的に表現できるようになることを目的としています。
　すなわち、①聞く ⇨ ②話す ⇨ ③学ぶ ⇨ ④使う ⇨ ⑤チェック
のサイクルを繰り返し練習することによって、学習を始めたその日から話せる方式を採用しています。
　また本シリーズは、生きた外国語会話を楽しく、しかも短時間でマスターできるように、会話場面の多くを、各国の実際の日常場面に沿ったストーリーで展開しています。さらに、応用範囲を広げるために、よく使われる表現を多く用意し、各文例の中で単語を入れ替えて練習できるようになっています。
　特に、豊富な会話例をネイティブのスピードやリズムで反復して聞くトレーニングを繰り返すことができるように、〔ＣＤを２枚〕用意しました。これによって、より確実にリスニング力を身につけられると同時に、実際にすぐに話せるようになることでしょう。
　そして、楽しみながら学習していくことによって、外国人と簡単なコミュニケーションがとれるレベルに到達できるはずです。
　このシリーズが、読者の皆さんの活躍するフィールドを広げ、新たな人間関係を築くチャンスとなることを願っています。

東進ブックス

はじめに

　ボリショイ劇場でバレエやオペラを観てみたい。ドストエフスキーやトルストイを原書で読みたい。はたまたロシアの美男美女と愛をささやきたい……など、ロシア語学習の動機は人それぞれですが、独習をするにはあまりに難しくて、時間の経過とともに多くの人があきらめてしまうのがどうやら実状のようです。

　それもこれも、見なれぬ文字と、動詞や形容詞、はては（代）名詞までもが語尾変化するという文法のせいなのですが、この目先の複雑さに惑わされないで見てみると、ロシア語にも意外に日本語と共通する部分があるのがわかります。

　まず、英語のような冠詞がありません。また、疑問文と平叙文は、イントネーションで区別しますので、特別な助動詞は不要です。そして語順も比較的自由で、主語より述語を先に言ったりもします。

　また、ロシア語学習の敷居を高くしている原因のひとつに、ほかの言語ほど学習書にバリエーションが多くないことがあげられます。これまでは、網羅的に文法を説明した、ボリュームが大きくオーソドックスな学習書が大半でした。でも、これでは学習者が消化不良を起こしがちなのも事実です。

　その反省からか、最近では文法の解説をカットした「ロシア語会話」の本が多く出回るようになりました。しかし、理論づけもなしに表現だけを丸暗記するのはおのずから限界がありますし、入門用のテキストとしては不親切といえます。

　本書では、文法事項をできるだけわかりやすい言葉でコンパクトに解説しながら、あくまでも現実のさまざまな場面ですぐに役立つ表現を主体にテキストを構成してあります。

　さらに、ネイティブの吹き込みによるCDで、生きたロシア語にじかに触れられるのも本書の見逃せない特長です。

　以上の理由から、本書を活用すれば必ずロシア語がマスターできると確信します。

　本書を手にした皆さん、さあ、憧れのロシアはすぐそこです！

著　者

目次

はじめに

本書の特徴と使い方 ………………………………………… 6
▶プレ授業 ……………………………………………………… 10　🅐 01
発音のあらまし ………………………………………………… 12　🅐 02~06

Ⅰ これだけは覚えておきたい 日常会話

Урок 1
第1課　こんにちは（あいさつ）………………………… 18　🅐 07~10

Урок 2
第2課　はじめまして（自己紹介）……………………… 22　🅐 11~14

Урок 3
第3課　ありがとう（お礼）……………………………… 26　🅐 15~18
　　　　✔チェックタイム① ……………………………… 30　🅐 19
　　　　▶カルチャーコラム①　呼びかけいろいろ …… 31

Урок 4
第4課　ごめんなさい（お詫び）………………………… 32　🅐 20~23

Урок 5
第5課　はい／いいえ（肯定／否定）…………………… 36　🅐 24~27

Урок 6
第6課　ちょっとすみません（呼びかけ）……………… 40　🅐 28~31
　　　　✔チェックタイム② ……………………………… 44　🅐 32
　　　　▶コラム①　数字の言い方 ……………………… 45　🅐 33

目次　2

🅐・🅑 マークは、それぞれ添付CDのA盤、B盤の区別を示し、それに続く番号は、それぞれのCDに収録されている箇所を示すトラック番号です。

Урок 7
第7課　えっ、何ですか？（聞き返し）……………… 46　🅐 34~37

Урок 8
第8課　～してもいいですか？（許可）……………… 50　🅐 38~41

Урок 9
第9課　～をお持ちですか？（所有）……………… 54　🅐 42~45
　　　　✔チェックタイム③ ……………………………… 58　🅐 46
　　　　▶カルチャーコラム②　別荘暮らし ………… 59

Урок 10
第10課　お願いがあるのですが……（依頼）……… 60　🅐 47~50

Урок 11
第11課　～したいです（願望）……………………… 64　🅐 51~54

Урок 12
第12課　～が好き！（好き／嫌い）………………… 68　🅐 55~58

Урок 13
第13課　ロシア語でどう言うの？（便利な質問）…… 72　🅐 59~62
　　　　✔チェックタイム④ ……………………………… 76　🅐 63
　　　　▶カルチャーコラム③　オペレッタ万歳！…… 77

実力診断テストⅠ ……………………………………… 78　🅐 64~67

3　目次

II 海外旅行で役に立つ場面別 旅行会話

Урок 14
第14課　入　国 …………………………………… 82　　B 01~04

Урок 15
第15課　タクシー ………………………………… 86　　B 05~08

Урок 16
第16課　ホテル …………………………………… 90　　B 09~12
　　✔チェックタイム⑤ ………………………… 94　　B 13
　　▶カルチャーコラム④　アイ・ラヴ・ウオッカ！…… 95

Урок 17
第17課　電　話 …………………………………… 96　　B 14~17

Урок 18
第18課　道を尋ねる ……………………………… 100　　B 18~21

Урок 19
第19課　訪　問 …………………………………… 104　　B 22~25
　　✔チェックタイム⑥ ………………………… 108　　B 26
　　▶カルチャーコラム⑤　駅物語 ……………… 109

Урок 20
第20課　誘　い …………………………………… 110　　B 27~30

Урок 21
第21課　見　学 …………………………………… 114　　B 31~34

Урок 22
第22課　観　劇 ……………………………… 118　　B 35~38
　　✔チェックタイム⑦ …………………… 122　　B 39
　　▶コラム②　時間の表し方 …………… 123　　B 40

Урок 23
第23課　レストラン ………………………… 124　　B 41~44

Урок 24
第24課　買い物 ……………………………… 128　　B 45~48

Урок 25
第25課　病　気 ……………………………… 132　　B 49~52

Урок 26
第26課　帰　国 ……………………………… 136　　B 53~56
　　✔チェックタイム⑧ …………………… 140　　B 57
　　▶カルチャーコラム⑥　行列のできる……… 141
実力診断テストⅡ …………………………… 142　　B 58~61

巻末付録
　●文法のあらまし ………………………… 146
　●覚えておきたい便利な単語 …………… 150　　B 62~79
▶プレ授業の全訳 …………………………… 158

本書の特徴と使い方

本書の特徴

● 2部構成で着実な学習
本書は、PartⅠ「日常会話」とPartⅡ「旅行会話」の2部構成になっています。まずPartⅠで、日常会話に必要なロシア語の基本的な表現を覚え、PartⅡで、ロシア旅行のさまざまな場面で役に立つ実用的な言い回しや語彙を身につけます。

● 使いやすい2ページ見開き構成
各課の基本会話は、左ページの人物と右ページの人物が会話をかわす形式になっていますので、キャッチボールのような言葉のやりとりを実感できますし、一方のページの人物になってセリフを言う練習もスムーズにできます。会話や練習の文に出てくる表現や語句の説明も見開きのページにおさまっていますから、必要な情報をすぐに探しあてることができ、効率よく学習できます。

● 初心者のための配慮
初歩の学習者が発音でつまずかないように、基本会話と重要な表現にはカナ書きで発音を示してあります。また、文の内容や仕組みがわかるように、語句の意味や文法について簡潔ながらもていねいに説明してあります。

● 関連表現・関連語句の充実
基本会話に加えて、各課のテーマに関連する重要な表現や語句を学び、会話力の向上をはかります。

● 実力を養成する練習と学習成果の反復チェック
各課には、その課で習ったことを確実に身につけ、実力を養成するための練習が組み込まれています。さらに、3～4課ごとのチェックタイムやPartごとの実力診断テストにより、学習成果を自分で確認することができます。

● ヒアリングとスピーキングをサポートするCD 2枚付き
本書に付属している2枚のCDを利用すれば、会話の聞き取りや発音を何度も繰り返して練習できます。CDの使い方と練習方法についての説明は次のページに載っています。

CDの使い方と練習方法

　PartⅠとPartⅡの各課はほぼ同じ構成・順序で録音されています。

(1) 「基本会話」がナチュラルスピードで録音されています。日本語訳や解説、語句の説明を参考にして内容を理解し、場面や登場人物を思い描きながら何度も聞いてください。

(2) 次に、基本会話が少しゆっくりしたスピードで録音されています。登場人物の1回ごとのセリフのあとに間をとってありますので、セリフを繰り返して言ってください。初めはカナ表記をたよりに発音し、慣れてきたら、文字を見ないで言えるようにしましょう。

(3) そのあとに「関連表現／よく使う表現」が録音されています。初めに日本語が、続いてロシア語が聞こえます。何度かロシア語の発音を繰り返して文を覚え、日本語が聞こえたらすぐにロシア語で言えるようにしましょう。
　なおPartⅡでは、「関連表現／よく使う表現」はロシア語のみが録音されています。

(4) その次は「基本会話の練習」です。1度目は基本会話の左ページの音声だけが聞こえますから、あなたは右ページの人物になって話してください。2度目は逆に左ページの人物になって話してください。最初のうちは、相手のセリフが終わったらCDをストップして、落ち着いて話すといいでしょう。

(5) 最後は「応用会話の練習」です。まず本を見て、空欄になっている部分に当てはまる言葉を見つけ、声に出して言ってみてください。そのあとでCDの録音を聞いて答を確かめ、発音を繰り返しましょう。

　以上のような各課の録音に加えて、プレ授業、「発音のあらまし」、チェックタイム①～⑧、コラム①②、PartⅠとPartⅡの実力診断テスト、および「覚えておきたい便利な単語」が録音されています。ロシア語の聞き取りや口頭表現のトレーニングにCDをおおいに活用してください。

基本構成と内容

❶ PartI の日常会話編では各課の学習テーマが、PartII の旅行会話編では旅行中の場面がタイトルになっています。
❷ 各課で学習するねらいや要点を簡潔に紹介しています。このポイントを頭に入れてから実際のレッスンに入りましょう。
❸ 各課の学習の中心となる基本会話です。イラストで示された左ページと右ページの人物が会話を交わします。
❹ 基本会話の発音が発音記号とカタカナで表記してあります。
❺ 登場人物が話しているロシア語の日本語訳です。
❻ 特に注意する言葉や語法に関する解説です。
❼ 主に新出語句に関する解説です。
❽ 発音のポイントや注意点などに関する解説です。（PartI のみ）。

本書の特徴と使い方　　8

❾各課のテーマに関連した応用表現をまとめてあります。小さな文字の部分は、質問に対する答えの部分です。日本語を見ただけでロシア語が出てくるようにしましょう。

❿その課で出てきた言葉や表現についての追加説明です。

⓫基本会話の登場人物になってロシア語を話す練習をし、基本会話の仕上げをします。

⓬基本会話および関連表現を使って会話の応用練習をします。ロシア語での一問一答方式により、実際に「聞き取り」「話す」トレーニングを行います。

⓭応用練習の解答例です。

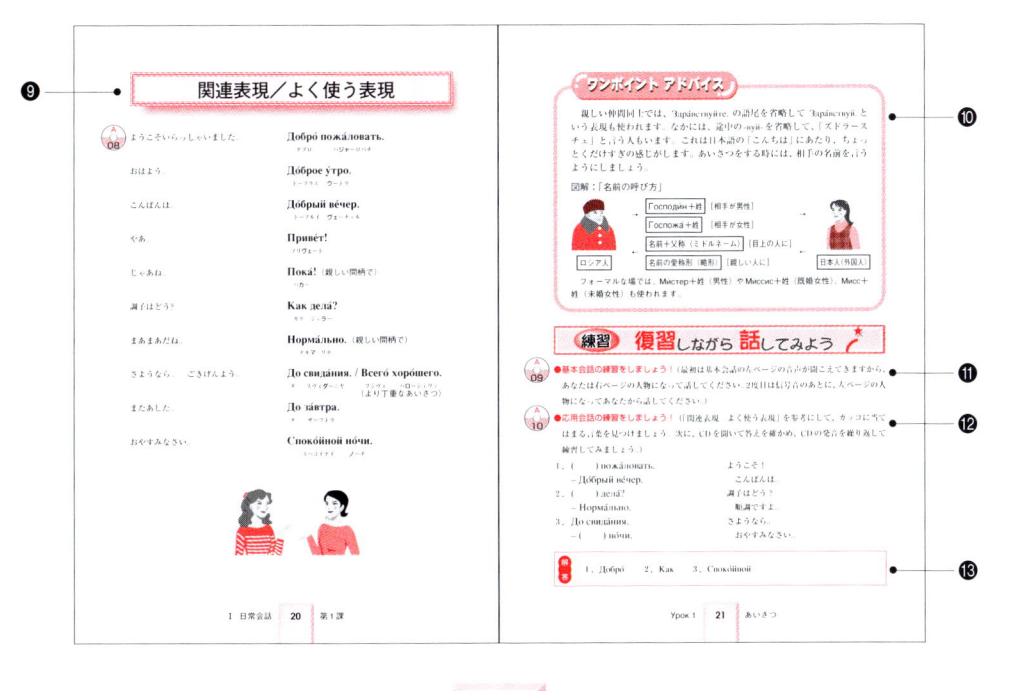

プレ授業

毎日1回は聞いて、ロシア語に慣れましょう。
本書が終了するころには、意味がわかるようになります。

ВСТРЕЧА

В : С прие́здом, Юко-сан!

Ю : Ой, Воло́дя! Здра́вствуйте.

В : Ско́лько лет, ско́лько зим!

Ю : Спаси́бо вам за встре́чу.

В : Не́ за что. Ну, как Москва́?

Ю : Прекра́сно! Наконе́ц моя́ мечта́ сбыла́сь.

В : Поздравля́ю вас.

Ю : Спаси́бо. Скажи́те, пожа́луйста, где мо́жно заказа́ть такси́?

В : Не на́до. У меня́ есть маши́на. Я провожу́ вас в гости́ницу.

Ю : Большо́е спаси́бо. Кста́ти, мне хо́чется пить. В самолёте бы́ло о́чень жа́рко.

В : Ви́дите, вон там буфе́т. Пойдёмте.

Ю : Но у меня́ нет рубле́й.

В : Не беспоко́йтесь. Я угоща́ю.

Ю : Спаси́бо. Воло́дя, что э́то?

В : Вы ра́ньше не про́бовали? Э́то ру́сский квас.

Ю : Вот э́то? Я бы вы́пила. А вы?

В : Я то́же. Дава́йте вы́пьем за встре́чу.

В : Воло́дя

Ю : Юко

Ю : Ой, как вкусно! Мне нравится.

В : Юко-сан, что вы хотите делать в Москве?

Ю : Во-первых, я хочу пойти в Третьяковскую галерею, во-вторых, я хочу посмотреть балет в Большом театре.

В : Понятно. Вы любите искусство. Но сначала вы должны приехать ко мне в гости.

Ю : Хорошо. Я к вам обязательно приеду.

В : Договорились. Желаю вам приятно провести время в Москве.

Ю : Спасибо.

В : Ну, поедем в гостиницу.

Ю : Сколько времени понадобится, чтобы доехать туда?

В : Около часа. Вы можете пойти в театр даже сегодня вечером.

Ю : Правда? Но я немного устала.

В : Ну что вы, Юко-сан! У вас так мало времени.

Ю : Я согласна с вами. Давайте пойдём, но не в театр, а в ресторан! Я ужасно голодна.

В : Извините, пожалуйста, я об этом не подумал.

Ю : Не переживайте. Мне тоже только сейчас захотелось есть.

発音のあらまし

1．ロシア語の発音について

　ロシア語は、子音字と母音字とが組み合わされてできているので、ローマ字読みのように文字どおりに読んでもだいたい通じます。とはいっても、より正確にロシア語を話すためには、いくつかの規則があります。まずロシア語は英語よりも母音が多いうえに、子音の文字も英語とは異なります。さらには、英語と同じ発音の文字があるかと思えば、まったく異なるものもあったりしてかなり複雑です。ここでは、特にロシア語のオリジナル文字とその発音に焦点を当てて説明してあります。また日本語にない発音や、日本語に似ていて実は違う音もありますので気をつける必要があります。本文には読みがなをつけてありますが、あくまでも参考に留め、付属のCDを使ってネイティヴの発音をしっかり聞き、正しい発音をマスターするように心がけてください。

2．ロシア語のアルファベット

　ロシア語のアルファベットの数は、全部で33あります。基本的にはギリシア語からの借用文字と、ロシア語独特の文字からできています。名称と発音は以下のとおりです。

文字	А а	Б б	В в	Г г	Д д	Е е	Ё ё	Ж ж	З з
名称	アー	ベー	ヴェー	ゲー	デー	イエー	イヨー	ジェー	ゼー
発音	ア	ブ	ヴ	グ	ドゥ	イエ	イヨ	ジュ	ズ

文字	И и	Й й	К к	Л л	М м	Н н	О о	П п	Р р
名称	イー	イクラトカエ	カー	エル	エム	エヌ	オー	ペー	エル
発音	イー	イ	ク	ル	ム	ヌ	オ	プ	ルル

文字	С с	Т т	У у	Ф ф	Х х	Ц ц	Ч ч	Ш ш	Щ щ
名称	エス	テー	ウー	エフ	ハー	ツェー	チェー	シャー	シシャー
発音	ス	トゥ	ウ	フ	クフ	ツ	チ	シュ	シシュ

文字	Ъ ъ	Ы ы	Ь ь	Э э	Ю ю	Я я
名称	分離記号	ウイ	軟音記号	エー	ユー	ヤー
発音	—	ウイ	—	エ	ユ	ヤ

(注) Ъ：トゥヴョールドゥイ・ズナーク
(注) Ь：ミャフキイ・ズナーク

3．発音のしかた

А： 日本語の「ア」と同じ音です。
　　【例】 áнгел 　天使
Б： 英語のB。いったん、唇を閉じてから発音します。
　　【例】 бáнк 　銀行

В： 英語のV。下唇の裏側に軽く前歯を触れて発音します。
　　　【例】　вино́　ワイン
Г： 英語のG。決して鼻から声を出さないようにします。
　　　【例】　гру́ппа　グループ
Д： 英語のD。舌先を上の前歯の裏側につけて発音します。
　　　【例】　дом　家、ビル
Е： 「エ」の前に小さな「ィ」をつける感じで発音します。
　　　【例】　есть　食べる、～がある
Ё： 「オ」の前に小さな「ィ」をつける感じで発音します。
　　　【例】　ёлка　モミの木
Ж： 舌を少し引いて上あごとの空間を狭め、舌と上あごで声をしぼり出すように発音します。
　　　【例】　жить　住む
З： 英語のZ。舌を口内のどこにもつけずに発音します。日本語の「すずしい」の音です。
　　　【例】　за́пад　西
И： 日本語の「イ」と同じです。
　　　【例】　и́ли　それとも
Й： 母音とつなげて使います。発音は弱い「イ」です。
　　　【例】　ой　あら
К： 英語のK。息だけの音です。
　　　【例】　кио́ск　売店
Л： 舌の中ごろを下げ、舌先を上の前歯の裏側につけて発音します。
　　　【例】　ла́мпа　電灯
М： 口を閉じて声を鼻から出します。
　　　【例】　ма́ма　ママ
Н： 英語のN。舌先を上の前歯の裏側につけて、声を鼻から出します。
　　　【例】　нос　鼻
О： 日本語の「オ」よりも強く、唇を丸めて口の奥から発音します。
　　　【例】　он　彼
П： 英語のP。唇を閉じて、急に息を出します。
　　　【例】　па́па　パパ
Р： 日本語の「まき舌」のように、舌を振動させます。
　　　【例】　ра́дио　ラジオ
С： 英語のS。舌を口内のどこにもつけない、息だけの音です。
　　　【例】　сок　ジュース
Т： 舌先を上の前歯の裏側につけて発音します。
　　　【例】　там　そこに

У：唇を丸めて突き出すようにして、のどの奥から声を強く長く出します。日本語の「う」とは違いますので注意が必要です。
【例】 ум　知恵
Ф：英語のF。下唇の裏に軽く前歯で触れて発音します。
【例】 факт　事実
Х：のどの奥でタンを切るようなつもりで、息だけで発音します。
【例】 хлеб　パン
Ц：日本語の「ツ」です。
【例】 центр　センター
Ч：日本語の「チ」よりも舌を引いて、舌先を上あごにつけて発音します。
【例】 чай　お茶
Ш：舌を少し引いて上あごとの空間を狭め、舌と上あごで息をしぼり出すように発音します。
【例】 шанс　チャンス
Щ：英語のshよりも長く強く発音します。息はストレートに出ます。
【例】 щи　キャベツスープ
Ъ：分離記号です。前後の音を分ける（連続させない）記号で、文字自体に音はありません。
【例】 подъезд　玄関
Ы：のどの奥から、「ゥイ」と発音します。swimmingと言う時の発音に似ています。
【例】 мы　私たちは
Ь：軟音記号です。直前の音を軟化させる記号で、口を「イ」の形にするとよいでしょう。
【例】 осень　秋
Э：日本語の「エ」です。
【例】 это　これは
Ю：日本語の「ユ」の前に小さな「ィ」をつける感じで発音します。
【例】 юг　南
Я：日本語の「ヤ」の前に小さな「ィ」をつける感じで発音します。
【例】 ясно　明白だ

4．ロシア語の母音

　ロシア語の母音は、日本語の「アイウエオ」にあたる母音（硬母音）と「や行」に似た母音（軟母音）の2種類があります。軟母音は、硬母音の前に小さい「ィ」の音をつけて発音すると得られます。

硬母音	А	Ы	У	Э	О
軟母音	Я	И	Ю	Е	Ё

発音のあらまし

5．注意すべき母音の発音

ロシア語の単語には、アクセントが必ず1つあります。そこはほかの音よりも強く長く発音します。アクセント記号に注意して発音しましょう（母音が1つしかない単語では、アクセント記号は省略してあります）。

①アクセントのないoは「ア」と発音します。

【例】　оди́н　1　　окно́　窓　　вода́　水
　　　　アジーン　　　アクノー　　　ヴァダー

②アクセントから2つ以上前のoは「ウ」と「ア」の中間の音になります。

【例】　молоко́　ミルク　　голова́　頭　　До свида́ния.　さようなら。
　　　　マラコー　　　　　ガラヴァー　　　ダ スヴィダーニヤ

③アクセントのないяとеは「イ」に近づきます。

【例】　Япо́ния　日本　　язы́к　言葉　　тепе́рь　今　　её　彼女の
　　　　イポーニャ　　　　イズィーク　　　チビェーリ　　　イヨー

④語尾のеはяと発音する場合があります。

【例】　мо́ре　海　　зда́ние　建物　　дво́е　2つ
　　　　モーリャ　　　ズダーニヤ　　　ドゥヴォーヤ

6．子音の対応と注意すべき発音の規則

ロシア語の読み方は、子音と母音を組み合わせて、ローマ字のように読むのが基本です。ですから、基本的には文字どおり読んで発音しても通じます。ただ、те́ннис（「チェニス」ではなく「テニス」と発音します）などの外来語は、発音と文字表記がずれていることが多いので気をつけましょう。

対応する子音は、口の構えや舌の位置は全く同じです。声を伴う音を有声子音、息だけの音を無声子音と言います。

有声子音	Б	В	Г	Д	Ж	З
無声子音	П	Ф	К	Т	Ш	С

以下の規則は、ロシア語をより正確に発音する際に必要な知識ですので、あまり神経質になる必要はありませんが覚えるようにしましょう。

①単語が有声子音で終わる場合、息だけの音になります（無声化）。

【例】　сад　庭　　любо́вь　愛　　эта́ж　階　　го́род　町
　　　　サート　　　リュボーフィ　　　エターシュ　　　ゴーラト

②有声子音の直後に無声子音が続く場合、有声子音が無声化します。

【例】　во́дка　ウオッカ　　ю́бка　スカート　　всё　すべて　　в саду́　庭で
　　　　ヴォートカ　　　　　ユープカ　　　　　フショー　　　　フ サドゥー

③無声子音の直後に有声子音が続くと、無声子音が有声化します。

【例】 отдыхáть 休む　　вокзáл 駅　　Как делá? 調子はどう?
　　　　アッディハーチ　　　　ヴァグザール　　　　カーグ ジュラー

④г が в と発音される場合があります。

【例】 егó 彼の　　сегóдня きょう
　　　　イヴォー　　　　シヴォードニャ

⑤ч が ш と発音される語があります。

【例】 что 何　　конéчно もちろん　　скýчно 退屈だ
　　　　シトー　　　　カニェーシナ　　　　スクーシナ

⑥読まない文字（黙字）があります。

【例】 прáздник 祭日　　сóлнце 太陽　　Здрáвствуйте. こんにちは。
　　　　プラーズニク　　　　ソーンツェ　　　　ズドラーストヴィチェ

7．イントネーションの規則

ロシア語では、1文中でアクセントを強調する箇所（ポイント）は原則として1か所です。本書ではその部分を太字のカナで示してあるので、参考にしてください。以下に代表的なイントネーションの型を示します。

①平叙文（否定文と肯定文）は、平らなイントネーションで始まって、ポイントで下がります。

【例】 Это кни́га. これは本です。
　　　　エタ　クニーガ

②疑問詞のある疑問文では、疑問詞の部分だけを上げて、文尾は下げます。

【例】 Что э́то? これは何ですか。
　　　　シトー　エタ

③疑問詞のない場合は、疑問の中心をなす言葉のアクセント部分（ポイント）でイントネーションを急上昇させて、あとは下げます。

【例】 Она́ студе́нтка? 彼女は学生ですか。
　　　　アナ　ストゥジェントカ

④聞き直しや、念を押すときには、文尾（語尾）が上がります。

【例】 А э́то что? では、これは何ですか。
　　　　ア　エタ　シトー

⑤感嘆文は、文の最初のアクセント部分でイントネーションが急激に上がり、そのままの調子で文尾まで続き、最後に降下します。

【例】 Кака́я хоро́шая пого́да! 何ていい天気なんでしょう！
　　　　カカーヤ　ハローシャヤ　パゴーダ

各課ごとにも、発音とイントネーションについて説明してありますので参考にしてください。

これだけは覚えておきたい
I. 日常会話

Урок 1	あいさつ	Урок 8	許　可
Урок 2	自己紹介	Урок 9	所　有
Урок 3	お　礼	Урок 10	依　頼
Урок 4	お詫び	Урок 11	願　望
Урок 5	肯定／否定	Урок 12	好き嫌い
Урок 6	呼びかけ	Урок 13	便利な質問
Урок 7	聞き返し		

Как вас зову́т?

Меня́ зову́т Такаси.

Урок 1
こんにちは （あいさつ）

あいさつは、まず相手と視線を合わせるところから始まります。初めはロシア人の鋭い眼差しに気後れしそうになりますが、だいじょうぶ、すぐに慣れます。あいさつは、ちょっとオーバーにするのがコツです。

▶ **С приéздом, Юко-сан!**
　ス　　プリィエーズダム　　　　　ユーコサン
ようこそ、ゆう子さん。

▶ **Здрáвствуйте.**
　　ズドラーストヴィチェ
こんにちは。

ヴァロージャ

▶ **Ну, как Москвá?**
　ヌー　　カーク　　マスクヴァー
モスクワはいかがですか。

解説

① С приéздом! は「到着を祝う」の意味です。正式には Поздравлáю вас с приéздом! ですが、前半部分が省略された形で使われます。

② ~-сан は、日本語の「～さん」の音をロシア語表記したもので、日本人に対してロシア人もよく使います。

③ Дóбрый день. が主として日中しか使えないあいさつなのに対して、Здрáвствуйте. は、いつでも使えます。Ну は相手の注意を喚起する言葉です。

④ Прекрáсно は、「このうえもなく美しい」というのが元の意味です。

Ⅰ　日常会話　　18　　第1課

語句の説明

С прие́здом：ようこそ（いらっしゃいました）
-сан：～さん　　ой：おや、あら
Воло́дя：Влади́мир（男性の名前）の愛称、省略形
Здра́вствуйте：おはようございます／こんにちは／こんばんは
До́брый день：こんにちは　　Ну：ねえ、さあ、それで
как：どのように、どんなふうに、どんなようすか［疑問詞］
Москва́：モスクワ
Прекра́сно：すばらしい、すてきだ

◀ **Ой, Воло́дя!**
　オイ　　　ヴァローヂャ
あら、ヴァローヂャ！

◀ **До́брый день.**
　ドーブルイ　　ジェニ
こんにちは。

ゆう子

◀ **Прекра́сно!**
　プリクラースナ
すばらしいわ！

＜発音とイントネーション＞

　ロシア語では1つの文章の中で、中心となる言葉のアクセント部分を強く長く発音するのが基本です。

　肯定文では、イントネーションは語尾の部分で下がります。疑問詞のある疑問文では、疑問詞のところでイントネーションを急上昇させて、後ろは文末を上げません。

　С прие́здом. は、途中で切らずに一気に発音します。前置詞は次にくる語とつなげて発音するのが鉄則です。Здра́вствуйте. の最初の в は発音されません。

関連表現／よく使う表現

ようこそいらっしゃいました。	Добро́ пожа́ловать. ダブロ　パジャーロバチ
おはよう。	До́брое у́тро. ドーブラエ　ウートラ
こんばんは。	До́брый ве́чер. ドーブルイ　ヴェーチェル
やあ。	Приве́т! プリヴェート
じゃあね。	Пока́!（親しい間柄で） パカー
調子はどう？	Как дела́? カグ　ジェラー
まあまあだね。	Норма́льно.（親しい間柄で） ナルマーリナ
さようなら。／ごきげんよう。	До свида́ния. / Всего́ хоро́шего. ダ　スヴィダーニヤ　　フシヴォ　ハローシェヴァ （より丁重なあいさつ）
またあした。	До за́втра. ダ　ザーフトラ
おやすみなさい。	Споко́йной но́чи. スパコイナイ　ノーチ

ワンポイント アドバイス

親しい仲間同士では、Здра́вствуйте. の語尾を省略して Здра́вствуй. という表現も使われます。なかには、途中の -вуй- を省略して、「ズドラースチェ」と言う人もいます。これは日本語の「こんちは」にあたり、ちょっとくだけすぎの感じがします。あいさつをする時には、相手の名前を言うようにしましょう。

図解：「名前の呼び方」

Господи́н＋姓	[相手が男性]
Госпожа́＋姓	[相手が女性]
名前＋父称（ミドルネーム）	[目上の人に]
名前の愛称形（略形）	[親しい人に]

ロシア人 ← → 日本人（外国人）

フォーマルな場では、Ми́стер＋姓（男性）や Ми́ссис＋姓（既婚女性）、Мисс＋姓（未婚女性）も使われます。

練習　復習しながら 話してみよう

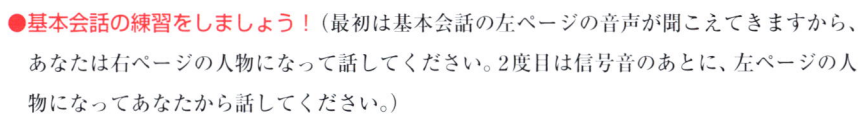

● 基本会話の練習をしましょう！（最初は基本会話の左ページの音声が聞こえてきますから、あなたは右ページの人物になって話してください。2度目は信号音のあとに、左ページの人物になってあなたから話してください。）

● 応用会話の練習をしましょう！（「関連表現／よく使う表現」を参考にして、カッコに当てはまる言葉を見つけましょう。次に、CD を聞いて答えを確かめ、CD の発音を繰り返して練習してみましょう。）

1. (　　) пожа́ловать.　　　ようこそ！
   – До́брый ве́чер.　　　―こんばんは。
2. (　　) дела́?　　　調子はどう？
   – Норма́льно.　　　―順調ですよ。
3. До свида́ния.　　　さようなら。
   – (　　) но́чи.　　　―おやすみなさい。

解答　1. Добро́　2. Как　3. Споко́йной

Урок 1　あいさつ

Урок 2
はじめまして（自己紹介）

　自己紹介は、まずお互いに名を名のるところから始まります。そのあとに「はじめまして」の言葉とともに、握手を交わすのが普通です。必要に応じて国籍や職業を告げてもよいでしょう。

▶ **Как вас зовут?**
　　カーク　　ヴァス　　ザヴート
　あなたのお名前は？

▶ **Я Саша, москвичка.**
　ヤー　　サーシャ　　　　マスクヴィーチカ
　私はサーシャ。モスクワっ子です。

サーシャ

▶ **Я студентка МГУ.**
　ヤー　　ストゥジェーントカ　　エムゲーウー
　私はモスクワ大学の学生です。

解説

① Как вас зовут? は、「あなたは、どのように呼ばれていますか」の意味。答え方は、フルネームでもニックネームでも OK です。

② Я は英語の I にあたる代名詞ですが、文中では小文字になります。

③「～です」という意味の動詞（есть）は普通、省略されます。

④「学生」を意味する単語は女性と男性で語尾が違います。ロシア語の名詞は、語尾の違いで便宜的に「男性」、「女性」、「中性」の区別があります。例えば、語尾が子音の場合は男性名詞、-а や -я の場合は女性名詞、-о や -е、-мя で終わる場合は中性名詞です。

語句の説明

вас：あなたを　　зовýт：〜と呼ばれる（不定形は звать：〜と呼ぶ）
меня́：私を　　я：私は
Cáша：Алексáндр（男性）と Алексáндра（女性）の愛称形
москви́чка：モスクワっ子（男性は москви́ч）
о́чень：とても、非常に　　прия́тно：心地よい
студéнтка：女子学生　　студéнт：大学生
МГУ：「国立モスクワ大学」の省略形
тóже：〜もまた

◀ **Меня́ зовýт Такаси.**
　　ミニャ　　　ザヴート　　　タカシ
私の名前はたかしです。

◀ **О́чень прия́тно.**
　　オーチン　　　プリヤートナ
はじめまして。

たかし

◀ **Я тóже студéнт.**
　　ヤー　　トージェ　　ストゥジェント
私も大学生です。

＜発音とイントネーション＞

　Как вас зовýт? は、как を強くはっきりと発音します。文の最後でイントネーションを上げないこと。また、как は вас に影響されて「カーグ」と、また вас も зовýт に影響されて「ヴァズ」と発音されることもあります。
　меня́ の ме- はアクセントがないので「ミ」に近づきます。о́чень「オーチン」は最後の「ン」は舌先を歯の裏にしっかり付けましょう。
　МГУ は文字どおり「エム・ゲー・ウー」と発音します。

Урок 2　　自己紹介

関連表現／よく使う表現

私の名字は田中です。　　　　　Моя́ фами́лия Танака.
　　　　　　　　　　　　　　　マヤ　　ファミーリア　　　タナカ

名前はあき子です。　　　　　　Моё и́мя Акико.
　　　　　　　　　　　　　　　マヨ　イーミャ　アキコ

知り合いになれてうれしいです。　Óчень прия́тно познако́миться.
　　　　　　　　　　　　　　　オーチン　　プリヤートナ　　　パズナコーミッツァ

私は「A」という会社の者です。　Я из фи́рмы «A».
　　　　　　　　　　　　　　　ヤーイス　フィルムィ　アー

私は日本／東京から来ました。　　Я из Япо́нии / То́кио.
　　　　　　　　　　　　　　　ヤーイズ　イポーニイ　　トーキオ
　　　　　　　　　　　　　　　(из は、「～から、～出身の、～に属する」という意味)

私は旅行者（男／女）です。　　　Я тури́ст / тури́стка.
　　　　　　　　　　　　　　　ヤートゥリースト　　トゥリーストカ

私は医者／技師です。　　　　　　Я врач / инжене́р.
　　　　　　　　　　　　　　　ヤーヴラーチ　　インジニェール

私は「B」という会社の社長です。　Я президе́нт фи́рмы «B».
　　　　　　　　　　　　　　　ヤー　プレジジェント　　フィルムィ　ヴェー

ワンポイント アドバイス

тури́ст / тури́стка（旅行者）のように、男女でつづりの違う名詞があるので注意が必要です。女性名詞は基本的には、男性名詞の語尾に -ка などの語尾をつけます。ただし、врач（医者）のように、職業を表す語の多くは男女兼用で使えるので、「性」の違いを気にする必要はありません。

図解：「私は～です」

Я（私）＝大学生

男性 → студе́нт（男性名詞）

女性 → студе́нтка（女性名詞）

練習　復習しながら 話してみよう

● 基本会話の練習をしましょう！

● 応用会話の練習をしましょう！

1. Моя́ (　　) Са́но.　　　　　　　　ぼくの名字は佐野です。
   – Меня́ зову́т Маса́ко.　　　　　—私の名前はまさ子です。

2. О́чень прия́тно.　　　　　　　　はじめまして。
   – О́чень прия́тно (　　).　　　　—知り合いになれてうれしいです。

3. Я из Япо́нии.　　　　　　　　　私は日本から来ました。
   Я (　　).　　　　　　　　　　　私は技師です。

解答　1. фами́лия　2. познако́миться　3. инжене́р

Урок 3
ありがとう（お 礼）

ロシア人は、無類の客好きな民族です。お客として訪問すると、「これでもか！」というくらいにもてなしてくれます。お礼の言い方も豊富なので、場合に応じて使い分けましょう。

▶ **Вам чай и́ли ко́фе?**
ヴァム　チャイ　イリ　コーフェ
お茶とコーヒー、どちらがいいですか。

▶ **Вот са́хар и молоко́.**
ヴォット　サーハル　イ　マラコー
さあ、砂糖とミルクです。

ヴァロージャ

▶ **О́чень вку́сно! Большо́е спаси́бо.**
オーチン　フクースナ　バリショーエ　スパシーバ
とってもおいしい！　ありがとう。

解説

① пожа́луйста は、日本語の「どうも」に匹敵するくらい、非常に便利な言葉です。主な意味と使い方は次のとおり。(a)「〜をどうぞ」と物をすすめる場合　(b)「お願いします」　(c) お礼に対して「どういたしまして」(d) 命令形のあとにつけて、ていねいな口調にする。

② Спаси́бо の語源は Спаси́ бог!（神よ、助けたまえ！）です。

③ ко́фе は本来、ко́фей と書いたので、чай と同様に男性名詞扱い。

④ большо́е は「大きな」という意味の形容詞。日本でおなじみのボリショイサーカスは「大きなサーカス」の意味です。

語句の説明

вам：あなたに
и́ли：〜それとも…
пожа́луйста：〜をどうぞ
Вот：ほら〜、さあ〜
и：そして　　　молоко́：ミルク、牛乳
большо́е：大きな（原形は большо́й）
На здоро́вье：どうぞ（召し上がれ）、（贈答へのお礼などに対して）どういたしまして

чай：お茶
ко́фе：コーヒー
Спаси́бо：ありがとう
са́хар：砂糖
шокола́д：チョコレート
вку́сно：おいしい

◀ **Ко́фе, пожа́луйста.**
　コーフェ　　　　　　　パジャールスタ
コーヒーをください。

◀ **Спаси́бо вам.　Вот шокола́д.**
　スパシーバ　　　ヴァム　　　ヴォト　　　ショコラート
ありがとう。チョコがあるわよ。

ゆう子

◀ **На здоро́вье.**
　ナ　　　ズダローヴィエ
どういたしまして。

〈発音とイントネーション〉

　〜, пожа́луйста. の文では、〜の部分を強くはっきり発音します。Спаси́бо вам. は、単に Спаси́бо. よりもていねいな言い方です。最後の м の発音は、しっかり口を閉じます。さらに感謝の意を表したい場合は Большо́е вам спаси́бо. と言うこともできます。шокола́д の -д と вку́сно の в- は濁らないで、それぞれ［т］、［ф］という音になります。

　и́ли のある文では、その前にある単語のアクセントがある位置で、イントネーションを急激に上げて、後ろは下げます。

関連表現／よく使う表現

ビールとワイン、どちらがいいですか。　　Вам пи́во и́ли вино́?
　　　　　　　　　　　　　　　　　　　　ヴァム　ピーヴァ　イリ　ヴィノー

　—もちろん、ワインよ。　　　　　　　　– Коне́чно, вино́.
　　　　　　　　　　　　　　　　　　　　　カニェーシナ　ヴィノー

あなたはお肉料理ですか、それとも魚料　　Вам мя́со и́ли ры́бу?
理ですか。　　　　　　　　　　　　　　ヴァム　ミャーサ　イリ　ルィブー

　—どちらでもいいです。　　　　　　　　– Всё равно́.
　　　　　　　　　　　　　　　　　　　　　フショー　ラヴノー

レモンティーをどうぞ。　　　　　　　　Чай с лимо́ном, пожа́луйста.
　　　　　　　　　　　　　　　　　　　　チャイス　リモーナム　　　パジャールスタ

ブラックコーヒーをください。　　　　　Ко́фе без са́хара, пожа́луйста.
　　　　　　　　　　　　　　　　　　　　コーフェ　ビス　サーハラ　　　パジャールスタ

お出迎えありがとう。　　　　　　　　　Спаси́бо за встре́чу.
　　　　　　　　　　　　　　　　　　　　スパシーバ　　ザ　フストリェチュー

いろいろとありがとう。　　　　　　　　Спаси́бо за всё.
　　　　　　　　　　　　　　　　　　　　スパシーバ　　ザ　フショー

本当にありがとう。　　　　　　　　　　Огро́мное спаси́бо.
　　　　　　　　　　　　　　　　　　　　アグローームナエ　　スパシーバ

助けてくれて感謝します。　　　　　　　Благодарю́ вас за по́мощь.
　　　　　　　　　　　　　　　　　　　　ブラガダリュー　ヴァス　ザ　ポーマシ

お心遣いに感謝いたします。　　　　　　Благодарю́ вас за забо́ту.
　　　　　　　　　　　　　　　　　　　　ブラガダリュー　ヴァス　ザ　ザボートゥー

　—どういたしまして。　　　　　　　　　– Пожа́луйста. / Не́ за что.
　　　　　　　　　　　　　　　　　　　　　パジャールスタ　　　ニェー　ザ　シタ

ワンポイント アドバイス

同じお礼の言い方でも、Благодарю́ вас. のほうが、Спаси́бо. よりもあらたまった感じがします。また、お礼を述べる際には、за всё のように、за を使ってその理由を付け足すほうが、よりていねいで心のこもった言い方になります。

前置詞の с は「～をいっしょに」、без は「～なしで」の意味。また、огро́мное（原形は огро́мный）は、「巨大な」という意味の形容詞です。

図解：「感謝の気持ち」

		<気持ち>
「ありがとう」	Спаси́бо (вам).	普通
	↓	↓
「ありがとうございます」	**Большо́е спаси́бо.**	大
	↓	↓
「本当にありがとう」	**Огро́мное спаси́бо.**	特大

練習 復習しながら話してみよう

●基本会話の練習をしましょう！

●応用会話の練習をしましょう！

1. Чай с (　　), пожа́луйста.　　　レモンティーをどうぞ。
   – Спаси́бо вам.　　　　　　　　―ありがとうございます。

2. Спаси́бо за (　　).　　　　　　お出迎えありがとう。
   – Пожа́луйста.　　　　　　　　―どういたしまして。

3. (　　) вас за забо́ту.　　　　　お心遣いに感謝いたします。
   – Не́ за что.　　　　　　　　　―どういたしまして。

解答　1. лимо́ном　2. встре́чу　3. Благодарю́

Уро́к 3　お礼

チェックタイム ①

●第1課から第3課までの復習です。カッコの中に適切な言葉を1語入れて、文を完成させてください。次に、CDを聞いて答を確かめ、発音練習をしましょう。

1. Дóбрый (　　).　　　　　　　　こんにちは。

2. (　　) пожáловать.　　　　　　ようこそ！

3. Как (　　)?　　　　　　　　　調子はどう？

4. (　　).　　　　　　　　　　　順調ですよ。

5. Моя́ (　　) Я́но.　　　　　　　私の名字は矢野です。

6. Меня́ (　　) Масáко.　　　　　私の名前はまさ子です。

7. Óчень (　　).　　　　　　　　はじめまして。

8. Я (　　) Япóнии.　　　　　　　私は日本から来ました。

9. Я (　　).　　　　　　　　　　私は医者です。

10. Спаси́бо за (　　).　　　　　お出迎えありがとう。

11. (　　).　　　　　　　　　　　どういたしまして。

12. Чай с (　　), пожáлуйста.　　ミルクティーをどうぞ。

13. Спаси́бо (　　).　　　　　　　ありがとうございます。

14. До (　　).　　　　　　　　　さようなら。

15. Спокóйной (　　).　　　　　　おやすみなさい。

解答　1. день　2. Добрó　3. делá　4. Нормáльно　5. фами́лия　6. зову́т
7. прия́тно　8. из　9. врач　10. встрéчу　11. Пожáлуйста
12. молокóм　13. вам　14. свидáния　15. нóчи

> カルチャーコラム①

呼びかけいろいろ

　近年の時代の変化に即応するかのように、ロシア語にも急激な変化が見受けられるようになりました。その1つに「呼びかけ」があります。共産主義が華やかなソ連時代には、男女とも、「同志」を意味する「Товáрищ（タヴァーリシ）＋名字」で相手に呼びかければよかったのですが、今ではほとんど使われません。

　今は、昔からある「名前＋父称」が公の場でも使われるようになりました。「父称」は、自分の父親の名前から作られるミドルネームで、男性なら -ович、女性なら -овна などを父親の名前のあとにつけます。例えば、父親が Пáвел（パーヴェル）であれば、父称はそれぞれ Пáвлович、Пáвловна となります。

　さらに、親しい間柄では「愛称形（ニックネーム）」で呼びかけるのが昔ながらの習慣です。やっかいなのは、1つの名前に「愛称形」が1つとは限らないということと、元の名前を想起できないほど変わってしまう場合が多いことです。ロシア文学を読んで、主人公の呼び方の多さに閉口した経験をおもちの方は多いと思います。例えば Влади́мир（ウラジーミル）の愛称形は Воло́дя（ヴァロージャ）で、さらに短縮すると Вóва（ヴォーヴァ）になります（共通の文字は В だけ！）。こうなるともう、お手上げですね。

　そのうえ日常では、「愛称形」を短くした「呼格」とも言うべき呼び方も使われていて、Cа́ша（サーシャ）が Саш（サーシ）になったりします（「呼格」は古代ロシア語の格変化の1つで、今は使われません）。こうなると、もうロシア語で Бо́же мой!（ボージェ　モーイ）（おお、神よ！⇒なんてこった！）と叫びたくなります。えっ、何です？　Бо́же（ボージェ）は Бог（ボーフ）（神）の呼格ですって？　失礼しました！

《愛称形の例》

Алексе́й（アレクセーイ）→ Алёша（アリョーシャ）	Алекса́ндра（アレクサーンドラ）→ Cа́ша（サーシャ）
Ива́н（イワーン）→ Ва́ня（ワーニャ）	Михаи́л（ミハイール）→ Ми́ша（ミーシャ）
Никола́й（ニコラーイ）→ Ко́ля（コーリャ）	О́льга（オーリガ）→ О́ля（オーリャ）
Ната́лья（ナターリヤ）→ Ната́ша（ナターシャ）	Серге́й（セルゲーイ）→ Серёжа（セリョージャ）

Урок 4
ごめんなさい（お詫び）

ロシアと日本では生活習慣が違うので、旅先で失敗することも珍しくはありません。そんな時には、すなおに謝るのがいちばんです。言葉だけではなく、心を込めてきちんとお詫びの言葉を言ってみましょう。

▶ **Извини́те за опозда́ние.**
　イズヴィニーチェ　　ザ　　　アパズダーニエ
遅れてごめんなさい。

▶ **На доро́ге зато́р.**
　ナ　　　ダローゲ　　　ザトール
道が混んでいるんです。

ゆう子

▶ **Ещё раз извини́те.**
　イショー　　ラス　　　イズヴィニーチェ
本当にすみません。

解説

①動詞の語尾を -ите（または -йте）に変えると、命令形になります。

②Извини́те. のほかに Прости́те. も同じように「ごめんなさい」の意味で使いますが、Прости́те のほうが、より心がこもっている感じを受けます。за の後ろには、お詫びをしたい理由がきます。

③Что вы! は、本来は「あなたは何てことを（おっしゃるのです）！」という意味です。вы は「あなた」という意味の代名詞で、初対面や年上などの、相手と一定の距離を置いた関係で使われます。

Ⅰ 日常会話　　第4課

語句の説明

Извини́те：許してください（извини́ть の命令形）　　за：〜に対して
опозда́ние：遅刻　　Ничего́ стра́шного：恐ろしいことは何もない
Что случи́лось?：何が起こったのですか
на доро́ге：道路で　　зато́р：渋滞
э́то：そういうこと
быва́ет：よくある
ещё раз：もう一度
вы：あなた／あなた達（2人称単数を表す代名詞には、ほかに ты がある）

◀ **Ничего́ стра́шного. Что случи́лось?**
　　ニチヴォー　　　ストラーシュナヴァ　　　シト　　　スルチーラスィ
気にしないで。どうかしたんですか。

◀ **Э́то быва́ет.**
　　エタ　　ブィヴァーエト
よくあるんですよね。

ヴァロージャ

◀ **Что вы, Ю́ко-сан!**
　　シトー　　ヴィ　　ユーコサン
とんでもありません、ゆう子さん。

＜発音とイントネーション＞

　за опозда́ние は、途中で切らずにひと続きに発音します。Ничего́ は大きくはっきり、ゆったりと発音します。-го は「во」と発音します。
　стра́шного の語尾は文字どおり読まずに、「ナガ」ではなく「ナヴァ」となるので注意してください。раз の -з は濁らずに「с」と発音します。Что вы! は疑問詞の Что で思い切りイントネーションを上げて、すぐに下げます。

関連表現／よく使う表現

これは私のせいです。	Э́то моя́ вина́.	エタ　マヤ　ヴィナー
ごめんなさい（男性）。	Я винова́т пе́ред ва́ми.	ヤ　ヴィナヴァート　ピェレド　ヴァーミ
ごめんなさい（女性）。	Я винова́та пе́ред ва́ми.	ヤ　ヴィナヴァータ　ピェレド　ヴァーミ
気にしないでください。	Не пережива́йте.	ニ　ピリジヴァイチェ
どうってことないですよ。	Ничего́, ничего́.	ニチヴォ　ニチヴォ
ごぶさたしてすみません。	Прости́те за до́лгое молча́ние.	プラスチーチェ　ザ　ドールガエ　マルチャーニヤ
ご不便をおかけしてすみません。	Извини́те за неудо́бство.	イズヴィニーチェ　ザ　ニウドブストヴァ
心配しないでください。	Не беспоко́йтесь.	ニ　ビスパコイチェスィ
落ち着いてください。	Успоко́йтесь.	ウスパコイチェスィ
よくあることですよ。	Ничего́, э́то быва́ет.	ニチヴォ　エタ　ブィヴァーエト

ワンポイント アドバイス

同じ「ごめんなさい」という表現でも、виноват は男性が、виновáта は女性が主語の時に使われます。また пéред вáми（あなたに対して）は、よく省略されます。

Извини́те. と Прости́те. は、日本語の「すみません」のように、単に呼びかけとしても使われます。

дóлгое молчáние は、「長い間の沈黙」の意味です。

図解：「申しわけありません」

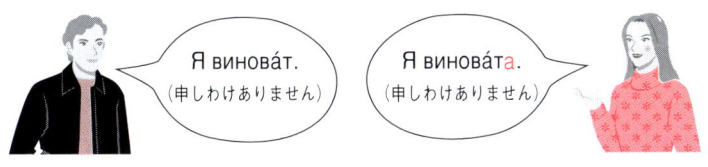

Я винова́т.
（申しわけありません）

Я винова́та.
（申しわけありません）

【注】 形容詞が述語として使われる場合、主語の「性」と「数」に合わせて語尾が変わります。

練習　復習しながら 話してみよう

●基本会話の練習をしましょう！

●応用会話の練習をしましょう！

1. Э́то моя́ (　　).
   – Ничего́, ничего́.

   これは私のせいです。
   —どうってことないですよ。

2. Я винова́т пе́ред ва́ми.
   – Не (　　).

   ごめんなさい。
   —気にしないでください。

3. Извини́те за неудо́бство.
   – Не (　　).

   ご不便をおかけしてすみません。
   —ご心配なく。

解答　1．вина́　2．пережива́йте　3．беспоко́йтесь

Урок 5
はい／いいえ（肯定／否定）

はじめのうちはロシア人に話しかけられると、あがってしまって、本当は違うにもかかわらずつい、「はい」と言ってしまいがちです。落ち着いて、ひと呼吸置いてから返事をしましょう。

▶ **Вот фотока́рточка.**
　ヴォト　　　　　ファタカールトチカ
ほら、写真です。

▶ **Да．А вот э́то моя́ ба́бушка.**
　ダー　ア　ヴォト　エタ　マヤ　バーブシュカ
はい、そうです。そしてこっちがおばあちゃん。

ヴァロージャ

▶ **Нет, э́то моя́ сестра́, А́ня.**
　ニェート　エタ　マヤ　シストラー　アーニャ
いいえ、妹のアーニャです。

解説

① Да（はい）や Нет（いいえ）のあとには、日本語と同様に否定文も肯定文も続けることができますが、紛らわしいので、Да のあとは肯定文に、そして Нет のあとは否定文にしたほうが無難です。

② э́то（あれ、これ、それ）は話題の中心を示す言葉で、対象との距離を気にすることなく、「人」にも「物」にも使えます。

③「〜です」という動詞（есть）は省略します。省略しないと「〜である」というような、論文調の硬い言い回しになります。

④ 疑問文と平叙文の違いは、イントネーションで区別します。

Ⅰ　日常会話　　第5課

語句の説明

Это：これは、あれは、こちらは
фотока́рточка：写真　　　интере́сно：興味深い、おもしろい
ва́ши, ва́ша：あなたの（原形は ваш）
оте́ц：父親　　　мать：母親　　　Да：はい
ба́бушка：おばあさん　　　Поня́тно：わかった　　　кто：だれ
подру́га：ガールフレンド、恋人　　　Нет：いいえ　　　сестра́：姉、妹
моя́：私の（原形は мой）　　　она́：彼女は
краси́вая：美しい（原形は краси́вый）

◀ **О, интере́сно. Э́то ва́ши оте́ц и мать?**
オー　インチェリェースナ　エタ　ヴァシ　アチェツ　イ　マーチ
まあ、そうですか。こちら（に写っているの）はご両親ですか。

◀ **Поня́тно. А э́то кто? Ва́ша подру́га?**
パニャートナ　ア　エタ　クトー　ヴァシャ　パドルーガ
なるほど。それから、こちらはどなた？　ガールフレンド？

ゆう子

◀ **Она́ о́чень краси́вая.**
アナ　オーチン　クラスィーヴァヤ
彼女、とっても美人ですね。

＜発音とイントネーション＞

　А э́то кто? や Ва́ша подру́га? のように、あとから付け加えられた疑問文では、文の最後を上げます。
　о́чень は、次にくる言葉を強調する副詞で、アクセントのある о- の箇所は、常に強く発音されます。

関連表現／よく使う表現

あちらは、佐藤さんですか。 Это Сато?
　　　　　　　　　　　　エタ　　サトー

—はい、そのとおりです。 – Совершéнно вéрно.
　　　　　　　　　　　サヴェルシェンナ　ヴェールナ

こちらは、加藤さんですか。 Это Като?
　　　　　　　　　　　　エタ　　カトー

—いいえ、全然違います。 – Совсéм нет. / Вóвсе нет.
　　　　　　　　　　　サフシェム　ニェート　ヴォーフシェ　ニェート

あそこはクレムリンですか。 Это Кремль?
　　　　　　　　　　　　エタ　　クリェームリ

—そうみたい。 – Похóже, что да.
　　　　　　　パホージェ　シト　ダー

あれはトルストイ博物館ですか。 Это музéй Л.Толстóго?
　　　　　　　　　　　　　　エタ　　ムゼイ　　タルストーヴァ

—たぶん、違うと思います。 – Пожáлуй, нет.
　　　　　　　　　　　パジャールイ　ニェート

これはウイスキーではなくて、コニャックです。 Это не виски, а коньяк.
　　　　　　　　　　　　　　　　　　　エタ　ニ　ヴィスキ　ア　カニャーク

こちらはどなたですか。 Кто это?
　　　　　　　　　　　クトー　エタ

—木村さんです。 – Это господин Кимура.
　　　　　　　エタ　ガスパジーン　　　キムラ

ワンポイント アドバイス

　Совершéнно вéрно. は、Да よりも強い肯定表現です。また、Совсéм нет. / Вóвсе нет. は、 Нет よりも強い否定表現です。ほかにも Да, да, да. とか、Нет, нет, нет. のように、同じ言葉を3回ぐらい重ねて、機関銃の連射のように言う言い方もあります。

　Конéчно も、強い肯定表現として Да の代わりに使うことができます。конéчно の -ч- は、「ш」の発音になるので、気をつけてください。

　Пожáлуй（たぶん）は自信のない時に使います。自信のある時には Навéрное を使います。どちらも否定と肯定の両方に使えます。

練習　復習しながら 話してみよう

●基本会話の練習をしましょう！

●応用会話の練習をしましょう！

1. Э́то винó?　　　　　　　　　　これはワインですか。
   – Совершéнно (　　).　　　　　　—そのとおりです。

2. Э́то ви́ски?　　　　　　　　　　あれはウイスキーですか。
   – Совсéм (　　).　　　　　　　　—まったく違います。

3. (　　) э́то?　　　　　　　　　　こちらはどなたですか。
   – Э́то господи́н Кимура.　　　　 —木村さんです。

解答　1. вéрно　　2. нет　　3. Кто

Уро́к 6
ちょっとすみません (呼びかけ)

見知らぬ人に声をかけるのは、だれでも勇気がいります。でも、大きい声で、はっきりと呼びかけの言葉を発音することが大切です。そして少し間を置いてから、用件を切り出すとよいでしょう。

▶ **Бу́дьте добры́, где туале́т?**
　　ブッツェ　　ダブルィ　　グジェ　　トゥアリェート
すみません、トイレはどこですか。

▶ **Поня́тно. Спаси́бо вам.**
　　パニャートナ　　スパシーバ　　ヴァム
あっ、わかりました。ありがとうございます。

たかし

▶ **Скажи́те, пожа́луйста, где мы?**
　　スカジーチェ　　パジャールスタ　　グジェ　ムィ
ところで、すみません。ここはどこですか。

解説

① Бу́дьте добры́. は、本来は「親切にしてください」という意味の命令形。Где ~? の文で動詞 нахо́дится (~がある、存在する) は省略可能。

② Скажи́те, пожа́луйста. は「教えてください」の意味で、呼びかけに使われるもっとも一般的なフレーズです。

③ Вот は近くのものを指します。離れたものは Вон で示します。

④ Кра́сная пло́щадь は「赤の広場」。固有名詞化されているので、大文字で書き始めます。ロシア語の「赤い」には元来、「美しい」という意味があります。

Ⅰ 日常会話　　40　　第6課

語句の説明

Будьте добры́：すみません
где：どこ　　туале́т：トイレ
Вот：ほら　　здесь：ここに
Скажи́те, пожа́луйста：すみません（教えてください）
Не́ за что：どういたしまして
мы：私たちは
же：（直前の語を強調して）〜こそ、ほかならぬ〜
Кра́сная пло́щадь：赤の広場

◀ **Вот здесь.**
　ヴォッド　ズジェスィ
　ここです。

◀ **Не́ за что.**
　ニェー　ザ　シタ
　どういたしまして。

通行人

◀ **Э́то же Кра́сная пло́щадь.**
　エータ　ジェ　　クラースナヤ　　プローシャチ
　赤の広場ですよ！

<発音とイントネーション>

　Бу́дьте の дь は濁らないで「ть」という音になり、全体では「ブーチチェ」となりますが、実際にはさらに縮んで「ブッツェ」と発音します。
　где のある文は、где でイントネーションを上げ、後ろは下げます。
　Вот здесь. では、-т の音が次の з の影響を受けて「д」になりますが、次の зд- に吸収されてほとんど発音されません。
　пло́щадь の -дь は「ть」になります。

Уро́к 6　呼びかけ

関連表現／よく使う表現

ちょっとすみません。　　　　　Бу́дьте любе́зны.
　　　　　　　　　　　　　　　　ブッツェ　　リュベーズヌィ

郵便局はどこにありますか。　　Где нахо́дится по́чта?
　　　　　　　　　　　　　　　　グジェ　ナホージッツア　ポーチタ

そこの人！（あの、ちょっと。）　Молодо́й челове́к!
　　　　　　　　　　　　　　　　マラドイ　　チェラヴェーク

どうしました？　　　　　　　　Что случи́лось?
　　　　　　　　　　　　　　　　シト　　スルチーラシィ

お嬢さん！　　　　　　　　　　Де́вушка!
　　　　　　　　　　　　　　　　ジェーヴシュカ

何でしょうか。　　　　　　　　В чём де́ло?
　　　　　　　　　　　　　　　　フ　チョム　ジェーラ

私は今どこにいるの？　　　　　Где э́то я сейча́с?
　　　　　　　　　　　　　　　　グジェ　エタ　ヤ　スィチャス

みんな！　　　　　　　　　　　Ребя́та!
　　　　　　　　　　　　　　　　リビャータ

紳士淑女の皆さん！　　　　　　Да́мы и господа́!
　　　　　　　　　　　　　　　　ダームィ　イ　ガスパダ

気をつけて！　　　　　　　　　Осторо́жно!
　　　　　　　　　　　　　　　　アスタロージナ

注目！　　　　　　　　　　　　Внима́ние!
　　　　　　　　　　　　　　　　ヴニマーニエ

どいて！　　　　　　　　　　　Доро́гу!
　　　　　　　　　　　　　　　　ダローグー

静かに！　　　　　　　　　　　Ти́ше!
　　　　　　　　　　　　　　　　チーシェ

ワンポイント アドバイス

　молодо́й челове́к は「若い人」の意味ですが、見知らぬ男性（通行人など）に呼びかける際の決まり文句です。実際には、若くない人（中高年）にも使います。

　де́вушка は「娘さん」の意味ですが、お店の売り子さんなどに対する呼びかけの代表例です。かりに売り子さんが若くなくとも、決して「おばさん」などと呼びかけてはいけません（見向きもしてもらえなくなります）。

　Что случи́лось? と В чём де́ло? は、どちらも「どうしたの？」という意味です。前者には「何かあったのか」、後者には「どんな用件か」というニュアンスの違いがあります。

練習　復習しながら 話してみよう

●基本会話の練習をしましょう！

●応用会話の練習をしましょう！

1. Молодо́й челове́к!　　　　　　そこの人！
　　– (　　) случи́лось?　　　　　　—どうしました？

2. Де́вушка!　　　　　　　　　　お嬢さん！
　　– В чём (　　　)?　　　　　　—何でしょうか。

3. Осторо́жно!　　　　　　　　　気をつけて！
　　– (　　　).　　　　　　　　　—どいて！

解答　1. Что　　2. де́ло　　3. Доро́гу

Уро́к 6　　呼びかけ

チェックタイム ②

●第4課から第6課までの復習です。カッコの中に適切な言葉を1語入れて、文を完成させてください。次に、CDを聞いて答を確かめ、発音練習をしましょう。

1. Это егó ( ).	これは彼のせいです。
2. Я виновáт ( ) вáми.	ごめんなさい。
3. Не ( ).	気にしないでください。
4. ( ) за неудóбство.	ご不便をおかけしてすみません。
5. Не ( ).	ご心配なく。
6. Это ( )?	これはビールですか。
7. Совершéнно ( ).	そのとおりです。
8. ( ) нет.	まったく違います。
9. ( ) э́то?	こちらはどなたですか。
10. Это ( ) Ямада.	山田さんです。
11. ( ) случи́лось?	どうしました？
12. ( )!	お嬢さん！
13. В чём ( )?	何でしょうか。
14. ( )!	気をつけて！
15. ( )!	どいて！

解答 1. виná 2. пéред 3. переживáйте 4. Извини́те 5. беспокóйтесь
6. пи́во 7. вéрно 8. Совсéм 9. Кто 10. господи́н 11. Что
12. Дéвушка 13. дéло 14. Осторóжно 15. Доро́гу

コラム①
数字の言い方

A 33

1 оди́н アジーン	11 оди́ннадцать アジンナッツアチ		【原則】 末尾が оди́н ＋名詞（単数主格） 末尾が два, три, четы́ре ＋名詞（単数生格）
2 два́ ドゥヴァ	12 двена́дцать ドゥヴィナッツアチ	20 два́дцать ドゥヴァツアチ	200 две́сти ドゥヴェスチ
3 три́ トゥリー	13 трина́дцать トゥリナッツアチ	30 три́дцать トゥリッツアチ	300 три́ста トゥリースタ
4 четы́ре チトゥイレ	14 четы́рнадцать チトゥルナッツアチ	40 со́рок ソーラク	400 четы́реста チトゥイリスタ
5 пять ピャーチ	15 пятна́дцать ピトナッツアチ	50 пятьдеся́т ピジシャート	500 пятьсо́т ピッソート
6 шесть シェスチ	16 шестна́дцать シェスナッツアチ	60 шестьдеся́т シジシャート	600 шестьсо́т シスソート
7 семь セエーミ	17 семна́дцать セムナッツアチ	70 се́мьдесят セムジシャト	700 семьсо́т セムソート
8 во́семь ヴォーシム	18 восемна́дцать ヴァシムナッツアチ	80 во́семьдесят ヴォシムジシャト	800 восемьсо́т ヴァシムソート
9 де́вять ジェーヴェチ	19 девятна́дцать ジヴィトナッツアチ	90 девяно́сто ジヴィノースタ	900 девятьсо́т ジヴェチソート
10 де́сять ジェーシェチ	【原則】1～4以外の数 ＋名詞（複数生格）	100 сто ストー	1000 ты́сяча トゥイシチャ

このほかに　0　ноль、100万　миллио́н、10億　миллиа́рд　があります。
　　　　　　　　ノーリ　　　　　　ミリオーン　　　　　　ミリアールト

（注1）上記以外の数字は、次のように数字を組み合わせて表します。
【例】　22　два́дцать два（20＋2）　　　　　119　сто девятна́дцать（100＋19）
　　　　2001　две ты́сячи оди́н（2つの1000＋1）　10000　де́сять ты́сяч（10個の1000）
（注2）数字の1を形容詞のように使う場合、 次にくる名詞の「性」に応じて
　　　оди́н＋男性、одна́＋女性、одно́＋中性、одни́＋複数となります。
【例】　оди́н метр（1メートル）　　　одна́ кни́га（本1冊）
　　　　одно́ де́рево（1本の木）　　　одни́ носки́（ソックス1足）
（注3）同様に数字の2は два＋男性／中性、две＋女性（生格）です。
【例】　два ме́тра（2メートル）　　　две кни́ги（本2冊）

Урок 7
えっ、何ですか？（聞き返し）

やつぎばやにロシア語でまくし立てられると参ってしまいますが、めげずに聞き返してみましょう。その際、同じセリフばかりだと相手も気を悪くしますので、いろいろな言い方を使うとよいでしょう。

▶ **Молодо́й челове́к, кото́рый час?**
　マラドイ　　　チェラヴェーク　　カトールイ　チャス
あのー、今何時ですか。

▶ **Что-что?**
　シト シトー
何ですって？

ゆう子

▶ **Повтори́те, пожа́луйста, ещё раз.**
　パフタリーチェ　　　　パジャールスタ　　　イショー　ラス
すみません、もう一度。

解説

① 相手の話が聞き取れない場合に、聞き返すもっとも簡単な方法は、A? と大きな声を出すことです。これはロシア人も頻繁に使います。もう少していねいに言いたい時には、Что-что? を使います。

② 時間の表し方には、24時間制で言う場合と、12時間制で言う場合があります。12時間制では、朝 утра́、昼 дня、夜 ве́чера などの語を時刻のあとにつけると親切です。ноль ноль は、「～時ちょうど」の意味。

③ мой（所有代名詞）は、次にくる名詞の「性」に応じて語尾変化します。

④ 名詞の複数形は、男性名詞の場合、[子音語尾＋ы（и）]になります。

語句の説明

молодо́й：若い	челове́к：人
кото́рый：何番目の	час：時間、時刻、〜時
трина́дцать：13	ноль：ゼロ
Что-что?：何？ 何？	ро́вно：ちょうど　　дня：午後の
Повтори́те：повтори́ть「繰り返す」の命令形	
Посмотри́те：посмотре́ть「見る」の命令形	
ещё раз：もう一度	на：〜の方（を）
мой（原形は мой）：私の	часы́：（腕）時計（час(時間)の複数形）

◀ **Сейча́с трина́дцать ноль ноль.**

スィチャス　　　　　トゥリナーツァチ　　　　ノリ　　　　ノリ

今は1時です。

◀ **Ро́вно час дня.**

ローヴナ　　　チャス　ドゥニャー

午後の1時ちょうどです。

通行人

◀ **Посмотри́те на мой часы́.**

パスマトリーチェ　　　　ナ　　　マイー　　　チィスィ

私の腕時計を見なさい。

＜発音とイントネーション＞

　трина́дцать（13）の д は [т] という音になるため、-дцать は「ツァチ」と発音します。11 から 19 までの語尾は、-надцать が共通です。

　Что-что? のように質問を聞き返したり、念を押したりする場合には、英語の疑問文と同じように文の終わりでイントネーションを上げます。

　часы́ は「チャスィ」ではなくて「チィスィ」と発音します。アクセントは最後にあります。

関連表現／よく使う表現

🅐35 今、何時ですか。　　　　　　　　Кото́рый сейча́с час? /
　　　　　　　　　　　　　　　　　　　カトールイ　スィチャス　チャス
　　　　　　　　　　　　　　　　　　Ско́лько сейча́с вре́мени?
　　　　　　　　　　　　　　　　　　スコリカ　　スィチャス　　ヴリェーメニ

―2時1分です。　　　　　　　　　　― Два часа́ одна́ мину́та.
　　　　　　　　　　　　　　　　　　ドゥヴァ　チサ　アドナ　ミヌータ

―4時3分です。　　　　　　　　　　― Четы́ре часа́ три мину́ты.
　　　　　　　　　　　　　　　　　　チトゥーリ　チサ　トゥリ ミヌートゥイ

―5時40分です。　　　　　　　　　 ― Пять часо́в со́рок мину́т.
　　　　　　　　　　　　　　　　　　ピャーチ　チソフ　ソーラク　ミヌート

―だいたい6時ごろかな。　　　　　　― Приме́рно шесть часо́в.
　　　　　　　　　　　　　　　　　　プリミェールナ　シェスチ　チソフ

―午前7時です。　　　　　　　　　　― Семь часо́в утра́.
　　　　　　　　　　　　　　　　　　スェーミ　チソフ　ウトラー

何時に会いましょうか。　　　　　　　В кото́ром часу́ мы уви́димся?
　　　　　　　　　　　　　　　　　　フ　カトーラム　チスー　ムィ　ウヴィージムスャ

―夜の8時にしましょう。　　　　　　― В во́семь часо́в ве́чера.
　　　　　　　　　　　　　　　　　　ヴ ヴォーシム　チソフ　ヴェーチェラ

何時にいらっしゃいますか。　　　　　Во ско́лько вы придёте?
　　　　　　　　　　　　　　　　　　ヴァ　スコリカ　ヴィ　プリジョーチェ

―12時ちょうどです。　　　　　　　― В двена́дцать ноль ноль.
　　　　　　　　　　　　　　　　　　ヴ ドゥヴィナッツァチ　ノリ　ノリ

Ⅰ　日常会話　　　第7課

ワンポイント アドバイス

ロシア語で時間を表す時に用いられる час（〜時）と минута（〜分）は、数詞に応じて語尾が若干変わります。「1時」と言う時だけは、1（один）を省略します。

	〜時		〜分
один	час	одна́	мину́та
два, три, четы́ре	часа́	две, три, четы́ре	мину́ты
そのほか	часо́в	そのほか	мину́т

日常会話では、「〜時」「〜分」はよく省略されることがあります。
24時間制で言う場合には、普通、「〜時」「〜分」は省略されます。
【例】 午後5時5分 → Семна́дцать ноль пять.

練習 復習しながら話してみよう

●基本会話の練習をしましょう！

●応用会話の練習をしましょう！

1. Ско́лько (　　)? 　　　　　　　何時ですか。
   – Пять часо́в. 　　　　　　　　—5時です。

2. Кото́рый сейча́с час? 　　　　今、何時ですか。
   – (　　) шесть часо́в. 　　　　—だいたい6時ごろかな。

3. Во (　　) вы придёте? 　　　何時にいらっしゃいますか。
   – В двена́дцать. 　　　　　　—12時ちょうどです。

解答 　1. вре́мени　 2. Приме́рно　 3. ско́лько

Урок 8　　　　　　　　　（許　可）
〜してもいいですか？

ロシア語の「〜してもいいですか」という表現は、単に「許可」を意味するだけでなく、「〜できますか」という「可能」も意味します。非常に多くの状況で使える《便利なフレーズ》のひとつです。

A 38

▶ **Здесь мо́жно кури́ть?**
　ズジェスィ　　モージュナ　　　クリーチ
ここで喫煙してもいいですか？

▶ **Мне ко́фе с молоко́м, пожа́луйста.**
　ムニェ　コーフェ　ス　マラコム　　　　　パジャールスタ
ぼくはミルク入りのコーヒーがいいな。

たかし

▶ **Ско́лько с меня́?**
　スコーリカ　ス　ミニャ
おいくらですか？

解説

①мо́жно は「〜してもよい」、「〜できる」の意味の述語で、本来は動詞の不定形（原形）を伴って使われるのですが、口語では動詞を省略し、名詞（手に取ることができる物）を直接つなげて「ちょっと〜いい？」といった感じで使われます。返事のしかたは、肯定の場合は Да. または Да, пожа́луйста. を、否定の場合は Нет, нельзя́. を使います。Не мо́жно. とは言わないので注意しましょう（Мо́жно не〜. は「〜しなくともよい」の意味）。

②на́до は「〜しなければならない」という意味の述語で、мо́жно と同様に動詞の不定形を伴って使います。

語句の説明

мо́жно：〜してもよい（許可）、〜できる（可能）
кури́ть：タバコを吸う
нельзя́：〜できない（不可能）、〜してはいけない（禁止）
с：〜の入った、〜といっしょの［前置詞］
Ско́лько：（金額や量が）いくら［疑問詞］
с меня́：私から（私が）
на́до：〜しなければならない（義務）
Не на́до：その必要はない　　плачу́：支払う（不定形は плати́ть）

◀ **Здесь нельзя́, а вон там мо́жно.**
　　ズジェスィ　ニリズィヤー　ア　ヴォン　タム　　モージュナ
　ここは禁煙だけど、あっちはいいわよ。

◀ **А мне чай с лимо́ном, пожа́луйста.**
　ア　ムニェ　チャイ　ス　　リモーナム　　　　　パジャールスタ
　私はレモンティーがいいな。

サーシャ

◀ **Не на́до. Сего́дня плачу́ я.**
　ニ　　ナーダ　　スィヴォードゥニャ　　プラチュー　　ヤ
　いいわよ。きょうは私が払うから。

＜発音とイントネーション＞

　　мо́жно を使う疑問文では、イントネーションは мо́жно のアクセント部分で急上昇させ、後ろは下げます。-ж- の発音に注意です。
　　動詞 кури́ть のように -ть で終わる形を不定形（原形）といいますが、語尾の発音は日本語の「チ」ではなくて、「ツ」のように、舌を歯の裏側に付けて「チ」と言うとよいでしょう。
　　Не на́до. は1語のように発音します。

Уро́к 8　　51　　許可

関連表現／よく使う表現

電話してもいいですか。　　　　　Мо́жно позвони́ть?
　　　　　　　　　　　　　　　　　モージュナ　　パズヴァニーチ

—はい、どうぞ。　　　　　　　　– Да, пожа́луйста.
　　　　　　　　　　　　　　　　　ダー　　パジャールスタ

ドルを両替できますか。　　　　　Мо́жно поменя́ть до́ллары?
　　　　　　　　　　　　　　　　　モージュナ　　パミニャーチ　　ドーラルィ

今いいですか。　　　　　　　　　Мо́жно сейча́с?
　　　　　　　　　　　　　　　　　モージュナ　　スィチャス

—もちろんですよ。　　　　　　　– Коне́чно.
　　　　　　　　　　　　　　　　　カニェーシナ

ペンを貸してくれませんか。　　　Мо́жно ру́чку?
　　　　　　　　　　　　　　　　　モージュナ　　ルーチクー

バッグをお持ちしましょうか。　　Мо́жно ва́шу су́мку?
　　　　　　　　　　　　　　　　　モージュナ　ヴァシュー　スームクー

—ありがとう。　　　　　　　　　– Спаси́бо.
　　　　　　　　　　　　　　　　　スパシーバ

Ｅメールでもいいですか。　　　　Мо́жно по электро́нной по́чте?
　　　　　　　　　　　　　　　　　モージュナ　パ　エリクトロンナイ　ポーチチェ

—ファックスでもいいですよ。　　– Мо́жно и по фа́ксу.
　　　　　　　　　　　　　　　　　モージュナ　イ　パ　ファクスー

私、電話しなくちゃ。　　　　　　Мне на́до позвони́ть.
　　　　　　　　　　　　　　　　　ムニェ　　ナーダ　　パズヴァニーチ

電話する必要がある。　　　　　　Ну́жно позвони́ть.
　　　　　　　　　　　　　　　　　ヌージュナ　　パズヴァニーチ

ワンポイント アドバイス

на́до や ну́жно も、мо́жно と同様に動詞の不定形を続けて、さまざまな文を作ることができます。

特に мо́жно は、「許可」だけでなく「可能」の意味も表して、広範囲に使用できる言葉です。日常会話では、名詞を目的語のようにつなげて、пожа́луйста（〜お願いします）の代わりに使われたり、「〜してあげましょうか」の意味で使われたりもします。

「許可・可能・義務」の構文

Мне [わたしは]		мо́жно				〜してもよい。
	+	на́до	+	動詞（不定形）	=	〜しなければ。
Вам [あなたは]		ну́жно				〜する必要がある。

練習　復習しながら 話してみよう

●基本会話の練習をしましょう！

●応用会話の練習をしましょう！

1. Мо́жно (　　)?　　　　　　　　電話してもいいですか。
　　– Да, пожа́луйста.　　　　　　—はい、どうぞ。

2. Мо́жно сейча́с?　　　　　　　今いいですか。
　　– (　　).　　　　　　　　　　—もちろんですよ。

3. (　　) ва́шу су́мку?　　　　　バッグをお持ちしましょうか。
　　– Спаси́бо.　　　　　　　　　—ありがとう。

解答　1. позвони́ть　　2. Коне́чно　　3. Мо́жно

Урок 9　（所　有）
～をお持ちですか？

ロシア語では、「あなたは～を持っていますか」と尋ねる時には、「人」が主語ではなく、「物」が主語になります。これも応用の広い表現なので、ぜひマスターしましょう。

▶ **У вас есть маши́на?**
　ウ　ヴァス　ィエースチ　　マシーナ
あなたは車をお持ちですか。

▶ **А да́ча?**
　ア　　ダーチャ
じゃあ、別荘は？

たかし

▶ **Дава́йте дружи́ть.**
　ダヴァイチェ　　　　ドゥルジーチ
お友だちになりましょう。

解説

① [У вас／меня́ (есть)～.]（あなたに／私に～がある）という構文では、есть は省略可能ですが、疑問文では、есть をつけたほうがいいでしょう。

② お店などで「～がありますか」と聞きたい時には、[Есть ～?] だけでもだいじょうぶです。答え方は、あるならば Есть. ないならば Нет. です。

③ [Дава́йте＋不定形] は、英語の Let's ～. と同様に、相手を誘う際のフレーズです。親しい間柄では、語尾の -те をとって［Дава́й＋不定形］を使います。

語句の説明

у：〜のそばに　　У вас：あなたのそばに、あなたには
есть：ある、存在する　　маши́на：車
а：ところで、一方、では　　да́ча：別荘
то́же：〜もまた…　　[Дава́йте＋不定形]：〜しましょう
дружи́ть：仲良くする
у меня́：私のそばに、私には
мно́го：たくさん
дел（原形は де́ло）：仕事

◀ **Да, есть.**
　ダー　　ィエースチ
　はい、あります。

◀ **То́же есть. А что?**
　トージェ　ィエースチ　ア　シトー
　ありますとも。でも、どうして？

◀ **Извини́те, у меня́ мно́го дел.**
　イズヴィニーチェ　ウ　ミニャー　ムノーガ　ジェル
　ごめんなさい、忙しいの。

ウエイトレス

<発音とイントネーション>

　У вас も У меня も、1つの単語のようにつなげて発音します。疑問文では、есть のところでイントネーションを上げて、後ろは下げるのが普通です。есть を省略した場合は、聞きたい「物」のところでイントネーションを上げてください。есть の発音は「エスチ」にならないように気をつけましょう。「ィ**エ**スチ」です。

　мно́го の -г- は、鼻から息を出してはいけません。

Уро́к 9　　所　有

関連表現／よく使う表現

A 43

コンピューターをお持ちですか。 　　У вас есть компью́тер?
　　　　　　　　　　　　　　　　　ウ　ヴァス　ィエスチ　　カンピューテル

　―ええ、でも、（使う）時間がありません。　― Да, но у меня́ нет вре́мени.
　　　　　　　　　　　　　　　　　　　　　　ダー　ノ　ウ　ミニャ　ニェート　ヴリェーメニ

ペンをお持ちじゃありませんか。　У вас нет ру́чки?
（お貸しください）　　　　　　　ウ　ヴァス　ニェート　ルーチキ

　―どうぞ。　　　　　　　　　　― Пожа́луйста.
　　　　　　　　　　　　　　　　　パジャールスタ

お子さんは、何人ですか。　　　　Ско́лько у вас дете́й?
　　　　　　　　　　　　　　　　スコリカ　　ウ　ヴァス　ジチェィ

　―2／3人です。　　　　　　　　― У меня́ дво́е / тро́е.
　　　　　　　　　　　　　　　　　ウ　ミニャ　ドゥヴォーヤ　トゥローヤ

彼（女）らのは、赤い自動車ですね。　У них кра́сная маши́на.
　　　　　　　　　　　　　　　　　　ウ　ニフ　　クラースナヤ　　マシーナ

私たちは、きょうはお祭りです。　У нас сего́дня пра́здник.
　　　　　　　　　　　　　　　　ウ　ナス　スィヴォードゥニャ　プラーズニク

きみのは大きなカバンだね。　　　У тебя́ большо́й чемода́н.
　　　　　　　　　　　　　　　　ウ　チビャ　　バリショイ　　　チマダン

彼女、いい声をしているね。　　　У неё прия́тный го́лос.
　　　　　　　　　　　　　　　　ウ　　ニョ　　プリヤートヌイ　ゴーラス

きみのはどんなコートなの？　　　Како́е у тебя́ пальто́?
　　　　　　　　　　　　　　　　カコーエ　ウ　チビャ　　パリトー

　―黒いやつだよ。　　　　　　　― У меня́ чёрное.
　　　　　　　　　　　　　　　　　ウ　ミニャ　チョールナエ

彼、自転車持ってる？　　　　　　У него́ есть велосипе́д?
　　　　　　　　　　　　　　　　ウ　　ニヴォ　ィエスチ　ヴィラシピェート

　―いいえ、持っていません。　　― Нет.
　　　　　　　　　　　　　　　　　ニェート

ワンポイント アドバイス

「…は、〜を持っている／…には、〜がある」という構文では、文の主語は「〜」の部分です。しかも、どんな「性」や「数」の名詞が主語になっても、ほかの部分は変化しません。これは変化形の多いロシア語には珍しいことで、語尾変化を気にすることなく気軽に使える構文の代表例です。

「…は、〜を持っている／…には、〜がある」の構文

| у | + | вас [あなた(たち)に]
меня́ [私に]
тебя́ [きみに]
нас [私たちに]
него́ [彼に]
неё [彼女に]
них [彼・彼女らに] | + | (есть) + 〜. |

【注】него́ の発音は、「ニゴ」ではなく「ニヴォ」です。形容詞がつくと есть はつけなくてもよくなります。
また、形容詞の語尾は、次の名詞の「性」と「数」に応じて変化させます。

кра́сный свет（赤信号）／ кра́сная икра́（イクラ）／
кра́сное вино́（赤ワイン）／ кра́сные дни（カレンダーの旗日）

練習 復習しながら 話してみよう

●基本会話の練習をしましょう！

●応用会話の練習をしましょう！

1. Ско́лько у вас дете́й?　　　　　　お子さんは、何人ですか。
   – У меня́ (　　).　　　　　　　　　―3人です。
2. У вас (　　) ру́чки?　　　　　　　ペンをお持ちじゃありませんか。
   – Пожа́луйста.　　　　　　　　　　―どうぞ。
3. Како́е у (　　) пальто́?　　　　　彼女のはどんなコートなの？
   – Чёрное.　　　　　　　　　　　　―黒いのです。

解答　1. тро́е　　2. нет　　3. неё

チェックタイム ③

●第7課から第9課までの復習です。カッコの中に適切な言葉を1語入れて、文を完成させてください。次に、CDを聞いて答を確かめ、発音練習をしましょう。

1. (　) врéмени?　　　　　　　　何時ですか。
2. (　) сейчáс час?　　　　　　　今、何時ですか。
3. (　) шесть часóв.　　　　　　だいたい6時ごろです。
4. Во (　) вы придёте?　　　　　何時にいらっしゃいますか。
5. В (　) часóв.　　　　　　　　10時に。
6. Мóжно (　)?　　　　　　　　電話してもいいですか。
7. Да, (　).　　　　　　　　　　ええ、いいですよ。
8. Мóжно (　)?　　　　　　　　今いいですか。
9. (　).　　　　　　　　　　　　もちろんですよ。
10. (　) ваш чемодáн?　　　　　カバンをお持ちしましょうか。
　　– Спасúбо.　　　　　　　　　—ありがとう。
11. Скóлько у вас (　)?　　　　　お子さんは、何人ですか。
12. У меня́ (　).　　　　　　　　3人です。
13. У вас (　) рýчки?　　　　　　ペンをお持ちじゃありませんか。
　　– Пожáлуйста.　　　　　　　—どうぞ。
14. Какóе у (　) пальтó?　　　　彼のはどんなコートなの？
15. (　).　　　　　　　　　　　　白いのです。

解答　1. Скóлько　2. Котóрый　3. Примéрно　4. скóлько　5. дéсять
　　　　6. позвонúть　7. пожáлуйста　8. сейчáс　9. Конéчно　10. Мóжно
　　　　11. детéй　12. Трóе　13. нет　14. негó　15. Бéлое

カルチャーコラム②

別荘暮らし

　日々のけん騒に悩まされる都会の住人なら、だれしも別荘暮らしに憧れるもの。モスクワの高層アパートに住む人たちの多くは、夏の間を、雄大な自然に包まれた郊外の別荘で過ごします。ただ、別荘といっても、小は600平米（！）の畑に建つ丸太小屋から、大は2000平米の土地にそびえる「御殿」まで、ピンからキリまであります。

　多くの人は、この畑で、夏の間にジャガイモやニンジン、トマトなど可能な限りの野菜を栽培し、近くの森に分け入っては、木の実や果物、キノコなどの採集に明け暮れます。そうして日持ちのしない物は、ジャムや漬物にして長い冬に備えるわけです。ですから別荘暮らしという言葉から連想される、のんびりした生活というイメージはあてはまらないかもしれません。この別荘暮らしが、高インフレを乗り越えるための生活の知恵であるのはもちろんですが、2か月間（人によっては数か月間！）というぜいたくな時間をかけたこの"半農"生活を、ロシア人は案外気に入っているようです。ロシア人は大昔から森と深くかかわって暮らしてきました。その記憶が民族の血に今も残っているのかもしれません。実際、ロシアの森に1歩足を踏み入れると、たしかに何とも言えない荘厳で清新な気持ちが湧いてきて、心身ともにリフレッシュされた気になります。これは、植物の出すフィトンチッド（森林浴の際の有効成分）に負うところが大ですが、人間が自然の一部であることを知らず知らずのうちに思い知らされ、何か神聖な感じさえ抱いてしまいます（ちなみに、フィトンチッドはロシア語です）。

　皆さんも、ロシア人と仲良くなって別荘暮らしを味わってみましょう。きっと、ロシアの古くて新しい魅力に気づくはずです。

Урок 10　　　　　　　　　（依　頼）
お願いがあるのですが……

人にものごとを頼む際には、ていねいに言うのにこしたことはありません。話の切り出し方には、決まったパターンがありますが、依頼のしかたはさまざまです。ここでは、命令形を使った例を示します。

▶ **У меня́ к вам про́сьба.**
　ウ　ミニャ　ク　ヴァム　プローズィバ
あなたにお願いがあります。

▶ **Напиши́те, пожа́луйста, ваш а́дрес.**
　　ナピシーチェ　　　　　パジャールスタ　　　ヴァシ　アードリェス
住所を書いて（教えて）ください。

たかし

▶ **И ваш но́мер телефо́на.**
　イ　ヴァシ　ノーミェル　　チェレフォーナ
それから電話番号も。

解説

① 疑問詞の кака́я は、次にくる名詞の「性」に応じて語尾変化をします。
② но́мер телефо́на の телефо́на は、「〜の」という「所属」を表します。つまり「電話の番号」という意味です。原形は телефо́н です（名詞の格変化については巻末付録を参照）。そのほかにもこの形は、нет と結びついて「〜がない」という「存在の否定」も意味します。
【例】　У меня́ нет телефо́на.（私には電話がない。）
また、「少量（ちょっと、すこし）」を表すことがあります。
【例】　Да́йте мне хле́ба.（パンを少しください。）

Ⅰ　日常会話　　60　　第10課

語句の説明

к вам：あなたに　　про́сьба：お願い
Кака́я：どんな、どのような（原形は како́й）
Напиши́те：написа́ть（書く）の命令形
ваш：あなたの（ваш＋[男]、ва́ша＋[女]、ва́ше＋[中]、ва́ши＋[複]）
а́дрес：住所　　С удово́льствием：喜んで
но́мер телефо́на：電話番号
К сожале́нию：残念ながら
у меня́ нет：私にはない

◀ **Кака́я?**
カカーヤ
どんな？

◀ **С удово́льствием.**
スーダヴォーリストヴィエム
いいですとも。

サーシャ

◀ **К сожале́нию, телефо́на у меня́ нет.**
ク　　サジャリェーニユ　　　チェレフォーナ　　ウ　ミニャ　ニェート
残念ですが、電話はありません。

<発音とイントネーション>

　про́сьба の -сь- は濁って発音されて「ズィ」という音になります。
　Кака́я で始まる疑問文では、-ка- でイントネーションを急上昇させて、-я の箇所ですぐに下降させます。文の最後は上げません。
　С удово́льствием. と К сожале́нию. は、「ス・ウダヴォーリストヴィエム」や「ク・サジャレーニィユ」と言わずに、前置詞を離さないで、1つの単語のように一気に発音します。語尾もはっきりと発音してください。

関連表現／よく使う表現

あなたに質問があります。　　У меня́ к вам вопро́с.
　　　　　　　　　　　　　　ウ　ミニャ　ク　ヴァム　ヴァプロース

　―どんな質問？　　　　　　― Како́й?
　　　　　　　　　　　　　　カコイ

何階ですか。　　　　　　　　Како́й эта́ж?
　　　　　　　　　　　　　　カコイ　エターシ

　―5階／8階です。　　　　― Пя́тый / Восьмо́й.
　　　　　　　　　　　　　　ピャートゥイ　ヴァシモーイ

何便ですか。　　　　　　　　Како́й рейс?
　　　　　　　　　　　　　　カコイ　レイス

　―JAL306便です。　　　　― JAL306.
　　　　　　　　　　　　　　ジャル　トゥリスタ　シェスチ

どんなレストランですか。　　Како́й э́то рестора́н?
　　　　　　　　　　　　　　カコイ　エタ　リストラーン

　―日本料理／ロシア料理の店です。　― Япо́нский / Ру́сский.
　　　　　　　　　　　　　　　　　　イポンスキイ　ルースキイ

お電話ください。　　　　　　Позвони́те, пожа́луйста.
　　　　　　　　　　　　　　パズヴァニーチェ　　パジャールスタ

それを見せてください。　　　Покажи́те вот э́то.
　　　　　　　　　　　　　　パカジーチェ　ヴォット　エータ

助けてください。　　　　　　Помоги́те.
　　　　　　　　　　　　　　パマギーチェ

手紙を（どんどん）ください。　Пиши́те, пожа́луйста.
　　　　　　　　　　　　　　ピシーチェ　　パジャールスタ

ワンポイント アドバイス

ロシア語の形容詞は、修飾する名詞の「性」と「数」に連動して語尾が変わります。疑問形容詞の како́й も例外ではありません。なかなか覚えにくいのですが、ロシア人がきちんと変化させて話すのを聞くと、その律義さに思わず感動（？）します。

1. како́й +「男性名詞」

Како́й вопро́с?
（どんな質問？）

2. кака́я +「女性名詞」

Кака́я кни́га?
（どんな本？）

3. како́е +「中性名詞」

Како́е пальто́?
（どんなコート？）

4. каки́е +「名詞の複数形」

Каки́е часы́?
（どんな時計？）

練習　復習しながら 話してみよう

●基本会話の練習をしましょう！

●応用会話の練習をしましょう！

1. У меня́ к вам (　　).　　　　あなたに質問があります。
   – Како́й?　　　　　　　　　　―どんな質問？
2. Како́й эта́ж?　　　　　　　　何階ですか。
   – (　　).　　　　　　　　　　―8階です。
3. Како́й э́то рестора́н?　　　　どんなレストランですか。
   – (　　).　　　　　　　　　　―ロシア料理の店です。

解答　1. вопро́с　2. Восьмо́й　3. Ру́сский

Уро́к 10　　63　　依　頼

Урок 11
〜したいです（願　望）

自分のしたいことを相手にきちんと伝えることができると、初めて訪れた土地でもスムーズに生活が進むようになります。願望の程度に応じて、フレーズを使い分けてみましょう。

▶ **Что вы хоти́те пить?**
シトー　ヴィ　ハチーチェ　ピーチ
飲み物は何がいいですか。

▶ **Ну, что вам хо́чется посмотре́ть**
ヌー　シトー　ヴァム　ホーチェッツァ　パスマトリェーチ

в Москве́?
ヴ　マスクヴェ
モスクワで何が見たいですか。

▶ **В какой?**
フ　カコイ
どの劇場ですか。

解説

① хоте́ть（хоти́те や хочу́ の不定形）は、英語のwantと同様に、次に名詞や動詞（不定形）を置いて「〜が欲しい、〜したい」という意味を表し、自分の欲求をストレートに表現します。

② хо́чется（不定形は хоте́ться）を使うと、хоте́ть よりも少しソフトな感じになります。хоте́лось бы は、「（できるものなら）〜してみたい」という意味で、もっとも控えめな表現です。

③ в + [前置格] は「〜で（位置）」。　【例】 в Москве́（モスクワで）

④ в + [対格] は「〜へ（方向）」。　【例】 в Москву́（モスクワへ）

語句の説明

хоти́те, хочу́：（不定形は хоте́ть）望む、〜したい
пить：飲む
мне：私にとって、私に［хо́чется の意味上の主語］
хо́чется：望まれる、〜へ行きたい、〜したい（不定形は хоте́ться）
квас：クワス（黒パンとホップで作るロシアの伝統的な飲料水）
посмотре́ть：見る　　в теа́тр：劇場へ（行く）
Большо́й теа́тр：ボリショイ劇場

◀ **Я хочу́ квас.**
　ヤー　ハチュー　クヴァス
クワスが欲しいな。

◀ **Мне хо́чется в теа́тр.**
　ムニェ　　ホーチェッツァ　フ　チアートル
劇場に行ってみたいわ。

ゆう子

◀ **Коне́чно, в Большо́й теа́тр.**
　カニェーシナ　　ヴ　　バリショイ　　チアートル
もちろん、ボリショイ劇場です。

＜発音とイントネーション＞

　Что で始まる疑問文では、-то でイントネーションを急上昇させて、すぐに下降させます。文の最後は上げません。хоти́те と хочу́ の хо- は、タンを切るような感じでのどの奥から発音します。хоти́те の -ти と -те は上の前歯の裏に舌先をしっかり付けて発音します。

　一方、хочу́ の чу は、舌先を上顎のギザギザしている部分に付けてから弾くように発音します。у は強い音なので「チュ」とならないように気をつけましょう。

関連表現／よく使う表現

おなかがすいた。　　　　　　　　Я хочу́ есть.
　　　　　　　　　　　　　　　　ヤ　ハチュー　ィエスチ
　　　　　　　　　　　　　　　　(この есть は「食べる」の意味)

ボルシチを食べたい。　　　　　　Мне хо́чется съесть борща́.
　　　　　　　　　　　　　　　　ムニェ　ホーチェッツア　スィエスチ　バルシャー
　　　　　　　　　　　　　　　　(борща́ は борщ の生格)

のどが渇いた。　　　　　　　　　Я хочу́ пить.
　　　　　　　　　　　　　　　　ヤ　ハチュー　ピーチ

ビールを買いたいのですか。　　　Вы хоти́те купи́ть пи́во?
　　　　　　　　　　　　　　　　ヴィ　ハチーチェ　クピーチ　ピーヴァ

ええ、ビールが飲みたいんです。　Да, я хочу́ вы́пить пи́ва.
　　　　　　　　　　　　　　　　ダー　ヤ　ハチュー　ヴィピチ　ピーヴァ
　　　　　　　　　　　　　　　　(пи́ва は пи́во の生格)

何がお望みですか。　　　　　　　Что вам хо́чется?
　　　　　　　　　　　　　　　　シト　ヴァム　ホーチェッツア

　─眠い！　　　　　　　　　　　─ Мне хо́чется спать.
　　　　　　　　　　　　　　　　　　ムニェ　ホーチェッツア　スパーチ

　─音楽が聞きたいな。　　　　　─ Мне хоте́лось бы послу́шать му́зыку.
　　　　　　　　　　　　　　　　　　ムニェ　ハチェーラス　ブィ　パスルーシャチ　ムージクー

ワンポイント アドバイス

ロシア語には、日本語のような「て、に、を、は」がないので、(代)名詞の語尾を一部変えて、さまざまな機能をもたせています。これを「格」と言います。その「格」の働きについて次に簡単にまとめてみました。とかく文法は難しいものと思われがちですが、大切ですので覚えておきましょう。

「(代)名詞の格の働きと意味」

主 格	…	文の主語や述語になる。	Теа́тр там.（劇場はあそこです。）
生 格	…	所属や部分を表す。	но́мер телефо́на （電話番号）
与 格	…	間接目的語や主語のない文で意味上の主語になる。	Да́йте студе́нту кни́гу.（学生に本をあげてください。）
対 格	…	直接目的語になる。	Я слу́шаю му́зыку.（私は音楽を聴きます。）
造 格	…	具体的な姿（～として、～のように）や道具など。	Он рабо́тает инжене́ром.（彼は、技師として働いている。）
前置格	…	в や на と共に場所を表す。	в теа́тре （劇場で）

練習 復習しながら話してみよう

●基本会話の練習をしましょう！ (A53)

●応用会話の練習をしましょう！ (A54)

1. Что вам (　　)? 　　　　　　何がお望みですか。
   – Мне хо́чется спать.　　　　―眠い！

2. Что вам хо́чется?　　　　　　何がお望みですか。
   – Мне хоте́лось бы (　　) му́зыку.　―音楽が聞きたいな。

3. Что вы хоти́те?　　　　　　　何がお望みですか。
   – Я хочу́ (　　) пи́ва.　　　　―ビールが飲みたいです。

解答　1. хо́чется　2. послу́шать　3. вы́пить

Уро́к 11　願望

Уро́к 12
〜が好き！（好き／嫌い）

外国人と付き合ううえで、自分の好き嫌いを意思表示することは、自分の人がらを知ってもらうためにも、とても大切なことです。おくせず、はっきりと言えるようにしましょう。

▶ **Вам нра́вится Москва́?**
ヴァム　　ヌラーヴィッツァ　　マスクヴァ
どうです、モスクワは気に入っていますか。

▶ **Что вы лю́бите?**
シトー　ヴィ　リュービチェ
あなたは何が好きですか。

ヴァロージャ

▶ **Пра́вда? У меня́ как раз два биле́та**
ブラーヴダ　　ウ　ミニャ　カク　ラス　ドゥヴァ　ビリェータ
на «Лебеди́ное о́зеро».
ナ　　　リビジーナェ　　オーズィラ
本当？　ちょうど「白鳥の湖」のチケットが2枚あるんだけど。

解説

① нра́вится は「〜が気に入っている」という意味の動詞。気に入っているものが名詞の複数形（語尾が -ы, -и）の場合、нра́вятся になります。動詞の不定形を続けることもできます。

② люби́ть（лю́бите と люблю́ の不定形：〜を愛する）も、前課の хоте́ть［〜が欲しい］と同様に、次に名詞や動詞の不定形を続けることができます。люби́ть や хоте́ть も、対象（目的語）が女性名詞（語尾が -а,-я の名詞）の場合には、語尾を変えます。⇒「対格」(-а → -у, -я → -ю　例えば、モスクワ Москва́ は Москву́)

Ⅰ 日常会話　　第12課

語句の説明

вам：あなたにとって、あなたには ［нравится の意味上の主語］
нравится：気に入っている、好まれている（不定形は нравиться）
любите, люблю：〜（すること）を愛する、〜が大好きだ（不定形は любить）
очень：とっても、非常に　　как раз：ちょうど
билета：チケット（билет の［生格］）
два：2【注】数字の 2、3、4 のあとには名詞の［生格］がきます。
«Лебединое озеро»：「白鳥の湖」
Здорово：えらい、よくやった！

◀ **Да, очень.**
　ダー　　　オーチン
　ええ、とっても。

◀ **Я люблю балет.**
　ヤ　　リュブリュー　バリェート
　私はバレエが好きです。

◀ **Здорово!**
　ズドーラヴァ
　やったー！

ゆう子

＜発音とイントネーション＞

　疑問文に対して答える際、それに対応する答えの中心部分をはっきり答える必要があります。例文では、Что вы любите? の答えの核になるのが балет（バレエ）ですから、この語のアクセント部分 -е- を強く長く発音します。
　нравится を使った疑問文では普通、-ра- のところでイントネーションを急上昇させて、-ви- ですぐに下げます。

Урок 12　　69　　好き／嫌い

関連表現／よく使う表現

あなたは、何がお好きですか。　　Что вам нравится?
　　　　　　　　　　　　　　　シトー　ヴァム　ヌラービッツァ

―シャンパンが好きです。　　　― Мне нравится шампанское.
　　　　　　　　　　　　　　　ムニェ　ヌラービッツァ　シャンパンスカエ

―ワインに目がないんです。　　― Я обожаю вино.
　　　　　　　　　　　　　　　ヤ　アバジャーユ　ヴィノー

―趣味はチェスです。　　　　　― Моё хобби — шахматы.
　　　　　　　　　　　　　　　マヨ　　ホービ　　シャーフマトゥイ
　　　　　　　　　　　　　　　　　　　（―:「～です」）
―映画が大好きです。　　　　　― Моя страсть — кино.
　　　　　　　　　　　　　　　マヤ　　ストラースチ　　キノー

―私は演劇に夢中です。　　　　― Моё увлечение — театр.
　　　　　　　　　　　　　　　マヨ　ウヴリチェーニエ　　チアートル

チェスをするのは好きですか。　Вы любите играть в шахматы?
　　　　　　　　　　　　　　　ヴィ　リュービチェ　イグラーチ　フ　シャーフマトゥイ

―あんまり。　　　　　　　　　― Не очень.
　　　　　　　　　　　　　　　ニ　オーチン

何をするのが好きですか。　　　Что вы любите делать?
　　　　　　　　　　　　　　　シト　ヴィ　リュービチェ　ジェーラチ

―テニスをするのが好きです。　― Я люблю играть в теннис.
　　　　　　　　　　　　　　　ヤ　リュブリュー　イグラーチ　フ　　テーニス

―ギターを弾くのが好きです。　― Я люблю играть на гитаре.
　　　　　　　　　　　　　　　ヤ　リュブリュー　イグラーチ　ナ　　ギターリェ

ワンポイント アドバイス

動詞の играть には「遊ぶ」のほかに、[в + 対格] で「(スポーツ) をする」という意味と、[на + 前置格] で「(楽器) を演奏する」という意味があります。

【例】 игра́ть в гольф（ゴルフをする）
　　　игра́ть на кларне́те（クラリネットを演奏する）

—(тире́) は、主語と述語がともに名詞の場合に、есть [〜である] のかわりに使われます。

【例】 Ю́ко — студе́нтка.（ゆう子は女子大生です。）

練習　復習しながら 話してみよう

● 基本会話の練習をしましょう！

● 応用会話の練習をしましょう！

1. Что вам (　　)?　　　　　　　　あなたは、何がお好きですか。
　– Шампа́нское.　　　　　　　　—シャンパンです。

2. Вы лю́бите игра́ть в ша́хматы?　チェスは好きですか。
　– Не (　　).　　　　　　　　　　—あんまり。

3. Что вы лю́бите де́лать?　　　　何をするのが好きですか。
　– Я люблю́ игра́ть на (　　).　　—ギターを弾くのが好きです。

解答　1. нра́вится　2. о́чень　3. гита́ре

Уро́к 12　好き／嫌い

Урок 13　ロシア語でどう言うの？
（便利な質問）

ロシア語ならではの便利な「疑問の構文」を集めてみました。いろいろな場面で頻繁に使える表現です。ぜひマスターして、ロシア語の力をブラッシュアップしましょう。

▶ **Как э́то по-ру́сски?**
カーク　エタ　パルースキ
これはロシア語で何と言いますか。

▶ **Чей э́то чемода́н?**
チェイ　エタ　チマダン
これはだれのカバンですか。

▶ **Когда́ бу́дет экску́рсия?**
カグダー　ブージェト　エクスクールスィヤ
小旅行にはいつ行くの？

ゆう子

解説

① [по- + 国名を表す形容詞（語尾からйを取る）] は、「～ふうに」、「～語で」の意味になります。「日本語で」なら、по-япо́нски。

② Как э́то по-ру́сски? では、「呼ばれる」という動詞が省略されています。長い言い回しを聞く時には、бу́дет を挿入しましょう。

③ чей は、英語の whose に当る疑問詞。次にくる名詞の「性」に応じて語尾を変える必要があります。

④ Когда́ бу́дет～?（いつ～がありますか）も、非常に応用の広い表現です。「～」の部分が複数名詞の場合は、Когда́ бу́дут～? となります。

語句の説明

по-ру́сски：ロシア語で、ロシア式に　　чемода́н：カバン

бе́лый：白い

Чей：だれの［疑問詞］（чей＋［男］、чья＋［女］、чьё＋［中］、чьи＋［複数］）

мой：私の（мой＋［男］、моя́＋［女］、моё＋［中］、мои́＋［複数］）

Когда́：いつ［疑問詞］

бу́дет（不定形は быть）：あるだろう（＝ will be）

экску́рсия：小旅行、見学

за́втра：あした　　　днём：午後に

◀ **По-ру́сски э́то «чемода́н».**
　　パルースキ　　　エタ　　　　チマダン
ロシア語では「チマダン（カバン）」と言います。

◀ **Бе́лый? Э́то мой чемода́н.**
　　ビェールイ　　エタ　　モーイ　　　チマダン
白いのですか。私のです。

ヴァロージャ

◀ **За́втра днём.**
　　ザーフトラ　　　ドゥニョム
あしたの午後です。

＜発音とイントネーション＞

　Как, Чей, Когда́ などの疑問詞で始まる疑問文は、これらの疑問詞を強く長めに発音しながら、イントネーションを急上昇させ、すぐに下げてください。

　за́втра の -в- は、濁らないで「ф」となります。

　днём の д- は、次の н に影響を受けて、舌先を上の前歯の裏につけてすぐ離すので、ほんの一瞬だけの発音になります。長く発音しないように気をつけましょう。しっかり舌をつけるのがポイントです。

関連表現／よく使う表現

これはロシア語ではどう言うの？ 　　Как э́то по-ру́сски?
　　　　　　　　　　　　　　　　　　カーク　エタ　パルースキ

—「バイキング料理」と言います。　　— По-ру́сски э́то «шве́дский стол».
　　　　　　　　　　　　　　　　　　　パルースキ　エタ　シュヴェツキイ　ストール

これはロシア語ではどう表現するの？　Как э́то бу́дет по-ру́сски?
　　　　　　　　　　　　　　　　　　カーク　エタ　ブージェト　パルースキ

—「歩行者天国」です。　　　　　　　— По-ру́сски э́то бу́дет «пешехо́дная
　　　　　　　　　　　　　　　　　　　パルースキ　エタ　ブージェト　ピシェホードナヤ
　　　　　　　　　　　　　　　　　　у́лица».
　　　　　　　　　　　　　　　　　　ウーリッツァ

「キャビヤ」はロシア語でどう言いますか。　Как по-ру́сски «caviar»?
　　　　　　　　　　　　　　　　　　カーク　　パルースキ　　キャヴィア

—「黒いイクラ」と言います。　　　　— По-ру́сски э́то «чёрная икра́».
　　　　　　　　　　　　　　　　　　　パルースキ　エタ　チョールナヤ　イクラー

これはだれのハンドバッグ？　　　　　Чья э́то су́мка?
　　　　　　　　　　　　　　　　　　チヤ　エタ　スームカ

—彼女の／私のです。　　　　　　　　— Её / Моя́.
　　　　　　　　　　　　　　　　　　　イヨ　　マヤ

これはだれのコートですか。　　　　　Чьё э́то пальто́?
　　　　　　　　　　　　　　　　　　チヨ　エタ　パリトー

—彼の／私のです。　　　　　　　　　— Его́ / Моё.
　　　　　　　　　　　　　　　　　　　イヴォ　マヨ

お休みはいつですか。　　　　　　　　Когда́ бу́дут кани́кулы?
　　　　　　　　　　　　　　　　　　カグダー　ブードゥート　カニークリ

—まもなくです。　　　　　　　　　　— Ско́ро.
　　　　　　　　　　　　　　　　　　　スコーラ

ワンポイント アドバイス

所有代名詞のうち「彼女の」её、「彼の」его、「彼らの／彼女らの」их は、その次にどんな名詞がきても変化しません。

【例】
- её компью́тер（彼女のコンピューター）
- её су́мка（彼女のバッグ）
- её кольцо́（彼女の指輪）
- её перча́тки（彼女の手袋）

- его́ а́дрес（彼の住所）
- его́ зажига́лка（彼のライター）
- его́ письмо́（彼の手紙）
- его́ часы́（彼の時計）

- их университе́т（彼らの大学）
- их ко́мната（彼女らの部屋）
- их ра́дио（彼らのラジオ）
- их маши́ны（彼女らの車）

練習　復習しながら 話してみよう

●基本会話の練習をしましょう！ （A61）

●応用会話の練習をしましょう！ （A62）

1. Как по-ру́сски «caviar»?
   – Чёрная (　　).

   「キャビヤ」はロシア語でどう言いますか。
   ―「黒いイクラ」と言います。

2. (　　) э́то су́мка?
   – Моя́.

   これはだれのハンドバッグ？
   ―私のです。

3. Чьё э́то пальто́?
   – (　　).

   これはだれのコートですか。
   ―私のです。

【解答】　1. икра́　2. Чья　3. Моё

Уро́к 13　便利な質問

チェックタイム ④

●第10課から第13課までの復習です。カッコの中に適切な言葉を1語入れて、文を完成させてください。次に、CDを聞いて答を確かめ、発音練習をしましょう。

1. У меня́ к (　　) про́сьба.　　　　　　あなたにお願いがあります。
2. (　　) э́то рестора́н?　　　　　　　　どんなレストランですか。
3. (　　).　　　　　　　　　　　　　　フランス料理の店です。
4. Что вам (　　)?　　　　　　　　　　何がお望みですか。
5. Мне хо́чется послу́шать (　　).　　　音楽が聞きたい。
6. Что ты (　　)?　　　　　　　　　　　きみは何が望みですか。
7. Я хочу́ (　　) пи́ва.　　　　　　　　ビールが飲みたい。
8. Что вам (　　)?　　　　　　　　　　あなたは、何がお好きですか。
9. (　　).　　　　　　　　　　　　　　シャンパンです。
10. Вы лю́бите (　　) в ша́хматы?　　　チェスは好きですか。
11. Я люблю́ игра́ть на (　　).　　　　ギターを弾くのが好きです。
12. Как (　　) «caviar»?　　　　　　　　「キャビヤ」はロシア語でどう言いますか。
13. Чёрная (　　).　　　　　　　　　　「黒いイクラ」と言います。
14. (　　) э́то пальто́?　　　　　　　　これはだれのコートですか。
15. (　　).　　　　　　　　　　　　　　私のです。

解答　1. вам　2. Како́й　3. Францу́зский　4. хо́чется　5. му́зыку
6. хо́чешь　7. вы́пить　8. нра́вится　9. Шампа́нское　10. игра́ть
11. гита́ре　12. по-ру́сски　13. икра́　14. Чьё　15. Моё

I 日常会話　　チェックタイム④

カルチャーコラム③

オペレッタ万歳！

　1年の約半分が冬のロシアで過ごす楽しみの1つに、観劇があります。バレエに始まって、演劇、オペラ、はてはミュージカルにコンサート、サーカスに至るまで、冬は楽しくて質の高い舞台芸術をたんのうできる最高の時期なのです（ちなみに、「ボリショイサーカス」というサーカス場はありませんので、気をつけてください）。チケットも、ボリショイ劇場などごく一部を除いて、街角のキオスクで手軽に入手できます（バラック風の建物の窓に、直接チケットが張ってあるので、すぐにわかります）。もっとも、良い席を手に入れるには、劇場のチケット売り場に直接足を運んでみるのも手です。それからまれですが、MXAT（芸術座）のように新館と旧館がある場合には、事前にチケットをよく見ておく必要があります（新館と旧館の距離は、筆者の経験から、全力で走っても10分以上はかかります）。

　ロシア語を習いたての人には、スピーディーなセリフが飛び交う演劇は、ちょっと荷が重過ぎるかもしれません。そうかといって、バレエのように踊りだけや、オペラのように歌だけなのも嫌だというワガママな人（？）には、オペレッタがお勧めです。

　これは、露製（？）ミュージカルともいうべき舞台芸術で、踊りに飽きたころに劇が始まり、劇に疲れたころには歌が始まるといった、オペラとバレエの"良いとこ取り"の出し物です。ロシア語学習の進展具合に応じて、そのおもしろさが増大すること間違いなし（？！）といえるでしょう。劇場内で、日本人とあまり出くわさないのもうれしいですね。

　マックのダブルバーガー並みの値段でチケットが買えて、歌、踊り、劇のトリプルを味わえるなんて、見逃す法はありません。

実力診断テスト I

1. CDを聞きながら、カッコの中の日本語を参考にして、次の（1）～（15）の質問にロシア語で答えてください。

　　（1）Как дела́?　　　　　　　　　　　（順調です）
　　（2）Как вас зову́т?　　　　　　　　　（自分の名前）
　　（3）Вам чай и́ли ко́фе?　　　　　　　（コーヒー）
　　（4）Кто э́то?　　　　　　　　　　　　（佐々木氏）
　　（5）Бу́дьте добры́, где туале́т?　　　　（あそこ）
　　（6）Кото́рый сейча́с час?　　　　　　（3時）
　　（7）Здесь мо́жно кури́ть?　　　　　　（禁煙）
　　（8）У вас есть маши́на?　　　　　　　（ない）
　　（9）Како́е у вас пальто́?　　　　　　　（黒い）
　　（10）Како́й вам эта́ж?　　　　　　　　（5階）
　　（11）Что вы хоти́те пить?　　　　　　（ビール）
　　（12）Что вы лю́бите?　　　　　　　　（バレエ）
　　（13）Когда́ бу́дет экску́рсия?　　　　　（あしたの午後）
　　（14）Чьи э́то часы́?　　　　　　　　　（私の）
　　（15）Как э́то бу́дет по-ру́сски?　　　　（歩行者天国）

2. 次の表現をロシア語で言ってください。そのあと、CDを聞いて答を確かめてください。

　　（1）おはよう。　　　　　　　　　（2）こんにちは。
　　（3）こんばんは。　　　　　　　　（4）さようなら。
　　（5）ありがとう。　　　　　　　　（6）どういたしまして。
　　（7）ごめんなさい。　　　　　　　（8）ようこそ。

(9) はじめまして。　　　　　　(10) またあした。

(11) おいしい。　　　　　　　　(12) どうしましたか。

(13) 気をつけて！　　　　　　　(14) 助けてください！

3．次のロシア語が日本語と同じ意味になるように、カッコの中に適切な言葉を1語を入れて、文を完成させてください。そのあと、CDを聞いて答を確かめてください。

(1) Добро́ (　　　).　　　　　　　ようこそ！

(2) Не (　　　).　　　　　　　　気にしないでください。

(3) Ещё раз, (　　　).　　　　　もう一度、お願いします。

(4) Не (　　　).　　　　　　　　ご心配なく。

(5) Я (　　　) игра́ть на пиани́но.　　ピアノを弾くのが好きです。

(6) В кото́ром часу́ мы (　　　)?　　何時にお会いしましょうか。

(7) (　　　), пожа́луйста.　　　　手紙をください。

(8) (　　　) вот э́то.　　　　　　それを見せてください。

(9) Мне хо́чется (　　　) до́ллары.　ドルを両替したいのです。

(10) Я хочу́ (　　　) вина́.　　　　ワインが飲みたい。

4．次の日本語をロシア語で言ってみましょう。そのあと、CDを聞いて答を確かめてください。

(1) 今、何時ですか。　　　　　　　(2) あなたは何時にいらっしゃいますか。

(3) あなたにお願いがあります。　　(4) これはロシア語でどう言いますか。

(5) 電話してもいいですか。　　　　(6) あなたは、何がお好きですか。

(7) あなたは何がお望みですか。　　(8) モスクワはどうですか。

(9) 肉料理と魚料理とどちらがいいですか。　(10) 地下鉄の駅はどこですか。

[解答例]

1. （ 1 ） Нормáльно.
   （ 2 ） Меня́ зову́т（自分の名前）.
   （ 3 ） Кóфе, пожáлуйста.
   （ 4 ） Э́то господи́н Сасаки.
   （ 5 ） Вон там.
   （ 6 ） Три часá.
   （ 7 ） Нет нельзя́.
   （ 8 ） Нет. У меня́ нет маши́ны.
   （ 9 ） У меня́ чёрное.
   （10） Пя́тый.
   （11） Я хочу́ вы́пить пи́ва.
   （12） Я люблю́ балéт.
   （13） Зáвтра днём.
   （14） Э́то мой.
   （15） По-рýсски э́то бýдет «пешехóдная ýлица».

2. （ 1 ） Дóброе ýтро.
   （ 2 ） Дóбрый день. / Здрáвствуйте.
   （ 3 ） Дóбрый вéчер.
   （ 4 ） До свидáния.
   （ 5 ） Спаси́бо.
   （ 6 ） Пожáлуйста. / Нé за что.
   （ 7 ） Извини́те.
   （ 8 ） Добрó пожáловать. / С приéздом.
   （ 9 ） О́чень прия́тно.
   （10） До зáвтра.
   （11） Вкýсно.
   （12） Что с вáми? / Что случи́лось?
   （13） Осторóжно!
   （14） Помоги́те!

3. （ 1 ） пожáловать
   （ 2 ） переживáйте
   （ 3 ） пожáлуйста
   （ 4 ） беспокóйтесь
   （ 5 ） люблю́
   （ 6 ） уви́димся
   （ 7 ） Пиши́те
   （ 8 ） Покажи́те
   （ 9 ） обменя́ть
   （10） вы́пить

4. （ 1 ） Котóрый сейчáс час? / Скóлько врéмени?
   （ 2 ） Во скóлько вы придёте?
   （ 3 ） У меня́ к вам прóсьба.
   （ 4 ） Как э́то по-рýсски?
   （ 5 ） Мóжно позвони́ть?
   （ 6 ） Что вам нрáвится? / Что вы лю́бите?
   （ 7 ） Что вам хóчется? / Что вы хоти́те?
   （ 8 ） Ну, как Москвá? / Вам нрáвится Москвá?
   （ 9 ） Мя́со и́ли ры́бу?
   （10） Где нахóдится стáнция метрó?

海外旅行で役に立つ場面別

Ⅱ. 旅行会話

Урок 14	入　国	Урок 21	見　学
Урок 15	タクシー	Урок 22	観　劇
Урок 16	ホテル	Урок 23	レストラン
Урок 17	電　話	Урок 24	買い物
Урок 18	道を尋ねる	Урок 25	病　気
Урок 19	訪　問	Урок 26	帰　国
Урок 20	誘　い		

— Вы говори́те по-ру́сски?

— Да, но немно́го.

Урок 14
入国

ロシアの入国審査官は、何があっても決してほほ笑みません。パスポートチェック時の長い沈黙に面食らうと、次に待ち受けているのは税関チェックです。これが終われば、憧れのロシアはすぐそこに。

入国審査官

▶ **Вы говори́те по-ру́сски?**
ヴィ　　ガヴァリーチェ　　　　パルースキィ
あなたはロシア語が話せますか。

▶ **Покажи́те ваш па́спорт и ви́зу.**
パカジーチェ　　　ヴァーシ　　パースパルト　イ　ヴィーズー
パスポートとビザを見せてください。

▶ **Запо́лните тамо́женную деклара́цию.**
ザポールニチェ　　　　タモージェンヌユ　　　　ディクララーツィユ
申告用紙に記入してください。

▶ **Коне́чно. И поста́вьте по́дпись.**
カニェーシナ　　　イ　　パスターフィチェ　　　ポートピスィ
もちろんです。署名もしてくださいね。

解説 ロシア語の動詞は、「主語」の人称と「数」に応じて変化します。現在形の場合、6つの語尾変化がありますが、そのパターンの違いから大きく［第1変化］と［第2変化］に分けられます。

語句の説明

говори́те ＜ говори́ть ㋐：（あなたは）話す　　немно́го：少し
Покажи́те ㋆ ＜ показа́ть ㋐：見せてください
па́спорт：パスポート　　ви́зу ㋛ ＜ ви́за：ビザ
Запо́лните ㋆ ＜ запо́лнить ㋐：（必要事項を）記入してください
тамо́женную деклара́цию ㋛ ＜ тамо́женная деклара́ция：申告用紙
по-англи́йски：英語で
Поста́вьте ㋆ ＜ поста́вить ㋐：（署名を）してください
по́дпись：署名　　распишу́сь ＜ расписа́ться ㋐：（私は）署名する
【注】㋐：不定形　㋆：命令形　㋛：対格

◀ **Да, но немно́го.**
　ダー　 ノ　　　ニムノーガ
はい、でも、少し。

◀ **Вот, пожа́луйста.**
　ヴォット　　　パジャールスタ
はい、どうぞ。

◀ **Мо́жно по-англи́йски?**
　モージュナ　　　　　パアングリースキ
英語でもいいですか。

ゆう子

◀ **Извини́те.　Сейча́с распишу́сь.**
　イズヴィニーチェ　　 スィチャス　　　ラスピシュースィ
すみません。すぐに書きます。

といっても極端な違いはないので、あまり神経質になる必要はありません。ただ、アクセントの位置が変わる場合があるので、気をつけましょう。動詞の語尾変化の詳細は、「ワンポイントアドバイス」と巻末付録を参照してください。

Уро́к 14　　入国

関連表現／よく使う表現

あなたは、英語が話せますか。　　**Вы говори́те по-англи́йски?**
　　　　　　　　　　　　　　　　ヴィ　ガヴァリーチェ　パ　アングリースキ

―ええ、話せますよ。　　　　　　**– Да, говорю́.**
　　　　　　　　　　　　　　　　ダー　ガヴァリュー

―いいえ、話せません。　　　　　**– Нет, я не говорю́ по-англи́йски.**
　　　　　　　　　　　　　　　　ニェート　ヤ　ニ　ガヴァリュー　パ　アングリースキ

彼女は、フランス語を読めますか。　**Она́ чита́ет по-францу́зски?**
　　　　　　　　　　　　　　　　アナ　チターエト　パ　フランツースキ

―さあ、わからないな。　　　　　**– Я не зна́ю.**
　　　　　　　　　　　　　　　　ヤ　ニ　ズナーユ

彼は中国語がわかりますか。　　　**Он понима́ет по-кита́йски?**
　　　　　　　　　　　　　　　　オン　パニマーエト　パ　キタイスキ

―ええ、少しなら。　　　　　　　**– Да, немно́жко.**
　　　　　　　　　　　　　　　　ダー　ニムノーシュカ

―ええ、とっても。　　　　　　　**– Да, о́чень хорошо́.**
　　　　　　　　　　　　　　　　ダー　オーチン　ハラショー

あなた（たち）は何語を学んでいるの？　**Како́й язы́к вы изуча́ете?**
　　　　　　　　　　　　　　　　カコーイ　イズィク　ヴィ　イズチャーエチェ

―私はスペイン語を学んでいます。　**– Я изуча́ю испа́нский язы́к.**
　　　　　　　　　　　　　　　　ヤ　イズチャーユ　イスパンスキイ　イズィク

―私たちはドイツ語を学んでいます。　**– Мы изуча́ем неме́цкий язы́к.**
　　　　　　　　　　　　　　　　ムィ　イズチャーエム　ニミェツキイ　イズィク

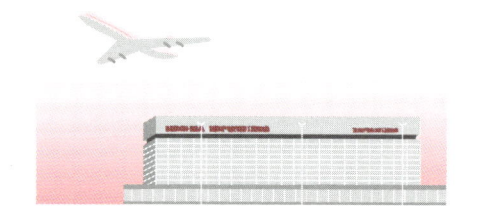

ワンポイント アドバイス

動詞の語尾が主語の人称に応じて変化するのが、ロシア語の最大の特徴のひとつです。ちょっと大変そうですが、覚えてしまえば、あとは動詞をどんどん活用できるようになります（詳細は149頁を参照してください）。

「понима́ть（理解する）」の使い方 ［第１変化］

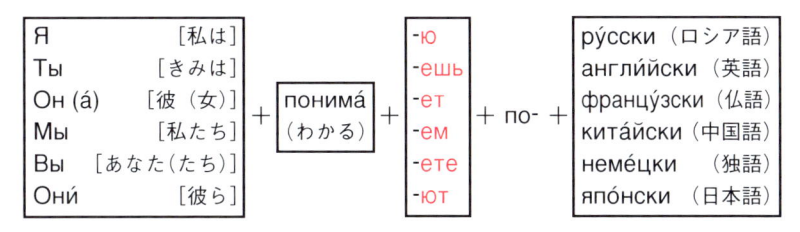

Я	［私は］
Ты	［きみは］
Он (á)	［彼（女）］
Мы	［私たち］
Вы	［あなた（たち）］
Они́	［彼ら］

+ понима́ （わかる） +

-ю
-ешь
-ет
-ем
-ете
-ют

+ по- +

ру́сски（ロシア語）
англи́йски（英語）
францу́зски（仏語）
кита́йски（中国語）
неме́цки（独語）
япо́нски（日本語）

【例】 Я понима́ю по-ру́сски. （私はロシア語がわかる。）
　　　 Он понима́ет по-ру́сски. （彼はロシア語がわかる。）

練習　復習しながら 話してみよう

●基本会話の練習をしましょう！ [B03]

●応用会話の練習をしましょう！ [B04]

1. Вы говори́те по-англи́йски?　　　　あなたは、英語が話せますか。
　 – Да, (　　). 　　　　　　　　　　　—ええ、話せます。

2. Она́ чита́ет по- (　　)?　　　　　　彼女は、フランス語を読めますか。
　 – Я не зна́ю.　　　　　　　　　　　—さあ、わかりません。

3. Како́й язы́к вы изуча́ете?　　　　　あなたは何語を学んでいるの？
　 – Я изуча́ю (　　) язы́к.　　　　　　—スペイン語を学んでいます。

【解答】 1. говорю́　　2. францу́зски　　3. испа́нский

Уро́к 14　　入国

Урок 15
タクシー

モスクワの街中では、手を上げれば普通の乗用車も停まってくれます。日本の白タクと違って、ロシアではこれも市民の足としてりっぱに機能しているので、じょうずに利用すると便利です。

▶ **Я хочу́ заказа́ть такси́.**
ヤー　ハチュー　　　ザカザーチ　　　タクシー
タクシーの手配をお願いしたいのですが。

▶ **В гости́ницу «Росси́я».**
ヴ　ガスチーニツー　　　　ラスィーヤ
「ロシアホテル」までです。

たかし

▶ **Ско́лько э́то бу́дет сто́ить?**
スコーリカ　　エタ　　ブージェト　　ストーイチ
運賃はいくらかかりますか。

▶ **Ско́лько вре́мени пона́добится,**
スコーリカ　　　ヴリェーミニ　　　パナーダビツァ
что́бы туда́ дое́хать?
シトーブィ　トゥダー　ダイエーハチ
時間はどれぐらいかかりますか。

解説　動詞 быть（本文中では бу́дет）は、未来のことを述べる際に使用しますが、①「〜にいるでしょう／〜に行くでしょう」、②「〜するでしょう／〜するつもりです」という2つの異なる働きをします。

語句の説明

заказа́ть ㊇：注文する　　Куда́：どこまで
е́хать ㊇：（乗り物で）行く　　гости́ницу ㊥＜гости́ница：ホテル
Подожди́те ㊌＜подожда́ть ㊇：お待ちください　　че́рез＋㊥：〜後に
сто́ить：（値段が）〜かかる　　приме́рно：ほぼ、およそ
ты́сячу ㊥＜ты́сяча：1000　　рубле́й ㊥＜рубль：ルーブル
Ско́лько вре́мени：どれぐらいの時間　　туда́：そこへ
пона́добится＜пона́добиться ㊇：必要である　　что́бы：〜するために
дое́хать ㊇：〜まで（乗り物で）行く、着く　　о́коло＋㊥：〜近く

【注】㊥：生格

◀ **Куда́ вы хоти́те е́хать?**
クダー　ヴィ　ハチーチェ　ィエーハチ
どちらまでですか。

◀ **Подожди́те, пожа́луйста.**
　　パダジジーチェ　　パジャールスタ
Такси́ бу́дет у вас че́рез 10 мину́т.
タクシー　ブージェト　ウ　ヴァス　チェーリエズ　ジェーシチ　ミヌート
お待ちください。10分後に来ます。

◀ **Приме́рно ты́сячу рубле́й.**
プリミェールナ　　トィシャチュー　　ルブリェイ
1000ルーブルぐらいですね。

空港の
サービス係

◀ **О́коло ча́са.**
オーカラ　チャーサ
1時間ぐらいです。

つまり、動詞 быть は、英語の will be と will の働きをあわせ持った語といえます。この2つの意味を区別する方法は簡単です。動詞の不定形がつく場合には②、つかない場合には①の意味になります。

関連表現／よく使う表現

どちらへお出かけですか。
Куда́ вы идёте?
クダー　ヴィイジョーチェ

―大使館までです。
– Я иду́ в посо́льство.
ヤー イドゥフ　パソーリストヴァ

どこへ（乗り物で）行くのですか。
Куда́ ты е́дешь?
クダー　トゥィイエージェシ

―タクシーで空港までです。
– Я е́ду на такси́ в аэропо́рт.
ヤー イエードゥナ　タクシー　ヴ　アエラポールト

いつ彼はここに来るの？
Когда́ он бу́дет здесь?
カグダー　オン　ブージェト　ズジェスィ

―お待ちください。／すぐに。
– Подожди́те. / Мину́тку.
パダジジーチェ　　ミヌートクー

夏は何をなさるご予定ですか。
Что вы бу́дете де́лать ле́том?
シトー　ヴィ　ブージェチェ　ジェーラチ　リェータム

―夏は、別荘で休みます。
– Ле́том я бу́ду отдыха́ть на да́че.
リェータムヤーブードゥー　アッディハーチ　ナ　ダーチェ

車の修理に１万ルーブルかかるだろう。
Ремо́нт маши́ны бу́дет сто́ить
リモント　　マシースィ　ブージェト　ストーイチ
де́сять ты́сяч рубле́й.
ジェーシェチ　トゥィシャチ　ルブリェイ

修理が終了するのに、どのぐらい時間がかかりますか。
Ско́лько вре́мени пона́добится,
スコーリカ　ヴリェーミニ　　パナーダビッツァ
что́бы зако́нчить ремо́нт?
シトーブィ　ザコーンチチ　　リモント

―だいたい３日／５日ぐらいかな。
– Приме́рно три дня / пять дней.
プリミェールナ トゥリードゥニャ　ピャーチ ドゥニェイ

ワンポイント アドバイス

運動の動詞のいくつかは、定動詞と不定動詞の2つの形があります。（идти と ходить ［歩いて行く］、éхать と éздить ［乗り物で行く］ など）

［定動詞］が一定方向への動作の進行状況を表すのに対し、［不定動詞］は動作の反復や往復運動、運動能力を表します。

図解：「定動詞と不定動詞」

【例】　Я иду́ в парк.
　　　　　（私は今、公園へ行くところです。）［定動詞］

　　　　Я хожу́ в университе́т.
　　　　　（私は大学に通っている。）［不定動詞］

練習　復習しながら話してみよう

● 基本会話の練習をしましょう！
（B07）

● 応用会話の練習をしましょう！
（B08）

1. (　　) вы бу́дете де́лать ле́том?　　　　夏は何をなさるご予定ですか。
   – Я бу́ду отдыха́ть на да́че.　　　　　　—別荘で休暇を取ります。

2. (　　) он бу́дет здесь?　　　　　　　　いつ彼はここに来るの？
   – Че́рез час.　　　　　　　　　　　　—1時間後です。

3. (　　) вы идёте?　　　　　　　　　　　どちらへ（歩いて）お出かけですか。
   – Я иду́ в посо́льство.　　　　　　　　—大使館までです。

解答　1. Что　　2. Когда́　　3. Куда́

Уро́к 15　　89　　タクシー

Урок 16
ホテル

> 普通、ホテルの各階には、フロアー係の女性（たいていはおばさん）がいて、何かと用を足してくれます。ちょっとしたお土産をあげるなどして、仲良くなっておくとよいでしょう。

▶ **Как ва́ше и́мя и фами́лия?**

カーク　ヴァーシェ　イーミャ　イ　ファミーリヤ
お名前と名字をどうぞ。

▶ **Кто вы по национа́льности?**

クトー　ヴィ　パ　ナツィアナーリナスチ
国籍をどうぞ。

フロント

▶ **Скажи́те, а ско́лько вам лет?**

スカジーチェ　ア　スコーリカ　ヴァム　リェート
何歳ですか。

▶ **Мне про́сто бы́ло любопы́тно.**

ムニェ　プロースタ　ブィラ　リュバプィートナ
ただ興味があっただけです。

解説　多くの場合、物の性質を表す形容詞の語尾（-ый/-ий/-ой）を取って-оをつけると、①副詞や、②述語（構文上の主語が人でない場合）になります。本文の例では со́бственно と про́сто が①で、любопы́тно が②にあたります。

Ⅱ 旅行会話　　第16課

語句の説明

по ＋ ⇨ ：〜に関して　　национа́льность：民族、国民性
япо́нка 囡：日本人（япо́нец 男）　　Ско́лько лет?：何歳ですか
год：歳　（年齢の末尾が оди́н の時＋год、два, три, четы́ре ＋ го́да、それ以外は＋лет）　В чём де́ло?：どうしたの　　со́бственно：特に
про́сто：ただ　　любопы́тно：好奇心をそそる、おもしろい
ключ：かぎ　　от ＋ ⇨：〜から、〜の
но́мера ⇨ ＜ но́мер：ホテルの部屋、番号
【注】⇨：与格　囡：女性名詞　男：男性名詞

◀ **Моё и́мя — Ю́ко, а фами́лия — Са́то.**
　　マヨ　　イーミャ　　ユーコ　ア　　ファミーリヤ　　　　サトー
佐藤ゆう子です。

◀ **По национа́льности я япо́нка.**
　　パ　　　　ナツィアナーリナスチ　　　ヤー　イポーンカ
日本人です。

◀ **Мне 21 год. А в чём со́бственно де́ло?**
　　ムニェドゥヴァーツァチアジーン ゴート　ア　フ　チョーム　　ソブストヴィンナ　　ジェーラ
21歳ですけど。それが何か。

◀ **Да́йте мне, пожа́луйста, ключ от но́мера.**
　　ダイチェ　　ムニェ　　　パジャールスタ　　　クリューチ　アト　ノーミェラ
部屋のかぎをください。

　この -о で終わる述語形容詞は、бы́ло と結びつくと「〜でした」という意味となり、過去形になります。бы́ло は語形変化しません。「〜でしょう」という未来の意味にするには бу́дет を使い、こちらも語形変化はしません。

関連表現／よく使う表現

あなたは何人ですか。   Кто вы по национа́льности?
　　　　　　　　　　　クトー　ヴィ　バ　ナツィアナーリナスチ

―日本人／ロシア人です。   – По национа́льности я япо́нец / ру́сский.
　　　　　　　　　　　　バ　ナツィアナーリナスチ　ヤーイポーニェツ　ルースキイ

あなたのご専門は何ですか。   Кто вы по специа́льности?
　　　　　　　　　　　　　クトー　ヴィ　バ　スピツィアーリナスチ

―専門は経済／教育です。   – По специа́льности я экономи́ст / педаго́г.
　　　　　　　　　　　　バ　スピツィアーリナスチ　ヤーエカナミースト　ピダゴーク

お仕事は何をなさっていますか。   Кем вы рабо́таете? /
　　　　　　　　　　　　　　　ケーム　ヴィ　ラボータェチェ
　　　　　　　　　　　　　　　Кто вы по профе́ссии?
　　　　　　　　　　　　　　　クトー　ヴィ　バ　プラフェッスィー

―サラリーマンですよ。   – Я слу́жащий / слу́жащая.
　　　　　　　　　　　ヤー　スルージャシイ　スルージャシャヤ

何になりたいですか。   Кем вы хоти́те быть?
　　　　　　　　　　ケーム　ヴィ　ハチーチェ　ブィチ

―教師／俳優になりたいです。   – Я хочу́ быть учи́телем / актёром.
　　　　　　　　　　　　　　ヤー　ハチュー　ブィチ　ウチーチェリェム　アクチョーラム

きみは何歳ですか。   Ско́лько тебе́ лет?
　　　　　　　　　スコーリカ　チベ　リェート

―25歳／43歳です。   – Мне 25 лет / 43 го́да.
　　　　　　　　　ムニェ　ドゥ　ヴァーッツァチ　ピャーチ　リェート　ソーラク　トゥリー　ゴーダ

あなたと町を散歩できて、うれしかった。   Мне бы́ло прия́тно гуля́ть
　　　　　　　　　　　　　　　　　　　ムニェ　ブィラ　プリヤートナ　グリャーチ
　　　　　　　　　　　　　　　　　　　с ва́ми по го́роду.
　　　　　　　　　　　　　　　　　　　ス　ヴァーミ　バ　ゴーラドゥー

彼の話を聞くのはおもしろい。（過去）   Слу́шать его́ расска́з бы́ло интере́сно.
　　　　　　　　　　　　　　　　　　スルーシャチ　イヴォ　ラスカース　ブィラ　インチェリェースナ

ワンポイント アドバイス

親しくなるにつれて、相手のさまざまなことに興味がわいてくるものです。誤解を避けるうえでも、次の質問の意味をしっかりと理解しておく必要があります。

「国籍／専門／職業」の尋ね方

Кто	+	вы [あなた] ты [きみ] он [彼] она́ [彼女] Са́ша [サーシャ]	+ по +	национа́льности （民族） специа́льности （専門） профе́ссии （職業）	?

練習 復習しながら 話してみよう

B11 ●基本会話の練習をしましょう！

B12 ●応用会話の練習をしましょう！

1. Кто вы по (　　)?　　　　　　あなたのご職業は何ですか。
 – Я слу́жащий.　　　　　　　　―私はサラリーマンです。

2. Кто она́ по (　　)?　　　　　　彼女は何人ですか。
 – Она́ ру́сская.　　　　　　　　―ロシア人ですよ。

3. Кто ты по (　　)?　　　　　　あなたの専門は何？
 – Я экономи́ст.　　　　　　　　―経済だよ。

解答　1．профе́ссии　2．национа́льности　3．специа́льности

Уро́к 16　ホテル

チェックタイム ⑤

●第14課から第16課までの復習です。カッコの中に適切な言葉を1語入れて、文を完成させてください。次に、CDを聞いて答を確かめ、発音練習をしましょう。

1. Ты говори́шь (　　)?　　　　　　　きみは、英語が話せますか。
 – Да, говорю́.　　　　　　　　　　　—ええ、話せます。
2. Он чита́ет (　　).　　　　　　　　　彼はフランス語が読めます。
3. Како́й язы́к ты (　　)?　　　　　　きみは何語を学んでいるの？
4. Я изуча́ю неме́цкий (　　).　　　　ドイツ語を学んでいます。
5. (　　) ты бу́дешь де́лать ле́том?　夏は何をする予定ですか。
6. Я бу́ду отдыха́ть на (　　).　　　別荘で休暇を取ります。
7. (　　) она́ бу́дет здесь?　　　　　いつ彼女はここに来るの？
8. (　　) час.　　　　　　　　　　　　1時間後です。
9. (　　) вы идёте?　　　　　　　　　どちらへお出かけですか。
10. Я иду́ в (　　).　　　　　　　　　お店までです。
11. Кто ты по (　　)?　　　　　　　　きみの職業は何ですか。
12. Я (　　).　　　　　　　　　　　　私はジャーナリストです。
13. Кто он по (　　)?　　　　　　　　彼は何人ですか。
14. Он (　　).　　　　　　　　　　　　ロシア人ですよ。
15. Кто вы по (　　)?　　　　　　　　あなたの専門は何ですか。

解答　1. по-англи́йски　2. по-францу́зски　3. изуча́ешь　4. язы́к　5. Что
6. да́че　7. Когда́　8. Че́рез　9. Куда́　10. магази́н　11. профе́ссии
12. журнали́ст　13. национа́льности　14. ру́сский　15. специа́льности

カルチャーコラム④

アイ・ラヴ・ウオッカ！

　ロシアで最も愛されているお酒と言えば、間違いなくウオッカ（вóдка）でしょう。諸説ありますが、この言葉は水 водá の愛称形と言われています。（これでロシア人がウオッカを湯水のように飲むわけがわかりました？）古い辞書を開くと、「火酒」という訳が載っていました。のどを通って胃に落ちる際の、焼けるようなあの感覚が表現された、まさに名訳ですね。

　ウオッカの別名に góрькая（苦い水）というのがあります。ちなみに Góрько! という言葉は、結婚式を挙げたカップルにキスを強要する言葉です（日本の、「てんとう虫のサンバ」のノリです）。『どん底』などの戯曲で有名な作家の名前ゴーリキー（Góрький）もこの言葉が語源です。人生の酸いも甘いも噛み分けた作家ならではのペンネームと言えますね。

　さて、ちょっとの量ですぐにいい気分にしてくれる経済的なウオッカですが、きわめてアルコール度数が高いために、飲み方を誤ると大変な目に会う場合があります。そこで次に、ロシア式の飲み方を示しましょう。

　まず、ひとりでチビリチビリやるのは厳禁です。ショットグラスになみなみとウオッカを注ぎ、「健康のために！（За здорóвье!）」とか、「2人の出会いに！（За встрéчу!）」などと乾杯の言葉を言ってから、みなで一斉に杯を空けます。それからすぐにつまみや料理をパクパク食べ、少なくとも数分間あけてまた同様に乾杯する……。あとはこの繰り返しです。ポイントは、空腹状態で決して飲まないこと。えっ、何です？　俺は3杯目まではつまみはやらない？　お願いですから、それだけはサケてください！

Урок 17
電 話

ロシアでは、電話の通話中に雑音が多かったり、混線したりして相手の話が聞きづらいことがあります。でも、妙に緊張したりしないで落ち着いて堂々と話すのが、電話での会話のコツです。

▶ **Алло́. Э́то говори́т Така́си.**
アロー　エタ　ガヴァリート　タカシ
Я хочу́ поговори́ть с Са́шей.
ヤー　ハチュー　パガヴァリーチ　ス　サーシェイ
もしもし、たかしです。サーシャはいますか。

▶ **Зна́ешь, я сейча́с в Москве́.**
ズナーエシ　ヤー　スィチャス　ヴ　マスクヴィェ
ねえ、今、モスクワに来ているんだ。

たかし

▶ **Приходи́ ко мне в го́сти.**
プリハジー　カ　ムニェ　ヴ　ゴースチ
遊びに来てよ。

▶ **Ла́дно. За́втра я зайду́ к вам.**
ラードナ　ザーフトラ　ヤー　ザイドゥー　ク　ヴァム
わかった、あした行くよ。

解説　ロシア語の動詞には、①動作のプロセスを重視するグループと、②動作の結果を重視するグループの2種類があります。多くの場合、この2つはペアで存在します。①の動詞を不完了体、②の動詞を完了体と呼びます。

語句の説明

Алло́：もしもし　　*поговори́ть 完：ちょっと話す
Ско́лько лет, ско́лько зим!：久しぶり（いくつの夏と冬が過ぎたことか）
зна́ешь < знать 不：知っている　　наконе́ц：ついに
мечта́：夢、願い　　сбыла́сь 女 < *сбы́ться 完：実現する、かなう
Поздравля́ю < поздравля́ть 不：祝す、祝う　　к + 与：～の所へ
приходи́ть в го́сти：お客に来る　　снача́ла：はじめは
Ла́дно：わかった、了解　　зайду́ < *зайти́ 完：立ち寄ります
Договори́лись < *договори́ться 完：話は決まったね
*印：完了体の動詞

◀ **Э́то ты, Такаси? Ско́лько лет,**
　　エタ　　トゥイ　　タカシ　　　　スコリカ　　リェート
ско́лько зим!
　スコリカ　　ズィーム
あら、たかし、久しぶりね。

◀ **Наконе́ц твоя́ мечта́ сбыла́сь.**
　　ナカニェツ　　トゥヴァヤ　　ミチタ　　ズブィラースィ
Поздравля́ю.
　パズドラヴリャーユ
ついに、夢がかなったのね。おめでとう。

◀ **Хорошо́. Но снача́ла ты приходи́.**
　　ハラショー　　ノ　　スナチャーラ　　トゥイ　　プリハジー
いいわよ。でもあなたがうちに来るのが先よ。

◀ **Договори́лись.**
　　ダガヴァリーリスィ
そうこなくちゃ。

サーシャ

　不完了体と完了体の違いは、不完了体には未来形がなく、完了体には現在形がないことです。完了体の語尾変化は不完了体の現在形と同じですが、内容は未来を表します。一方、不完了体で未来を言う場合には、[быть + 不定形] で表します。

関連表現／よく使う表現

もしもし、サーシャと話せますか。	Алло́, мо́жно попроси́ть Са́шу? アロー　モージュナ　パプラシーチ　サーシュー
もしもし、オーリャさんはご在宅ですか。	Алло́, О́ля до́ма? アロー　オーリャ　ドーマ
今、彼／彼女は留守です。何か伝言しましょうか。	Сейча́с его́ / её нет. Что переда́ть? スィチャス　イヴォ　イヨ　ニェート　シトー　ピリダーチ
どこへかけているんですか。違いますよ。	Вы не туда́ попа́ли. ヴィ　ニ　トゥダー　パパーリ
間違い電話ですよ。	Вы ошиблись. ヴィ　アシーブリシ
どちら様でしょうか。	С кем я име́ю честь говори́ть? ス　キェム　ヤー　イミェーユ　チェスチ　ガヴァリーチ
ゆう子から電話があったとお伝えください。	Переда́йте, что звони́ла Юко. ピリダイチェ　シトー　スヴァニーラ　ユーコ
あとでかけなおします。	Я перезвоню́ по́зже. ヤー　ピリズヴァニュー　ポーズジェ
お電話お待ちしています。	Жду ва́шего звонка́. ジュドゥー　ヴァーシェヴァ　ズヴァンカー
電話がつながりません。	Телефо́н за́нят. チェリェフォーン　ザーニャト
誕生日おめでとう！	Поздравля́ю вас с днём рожде́ния. パズドラヴリャーユ　ヴァス　スドゥニョム　ラジジェーニヤ
新年おめでとう！	Поздравля́ю вас с Но́вым го́дом. パズドラヴリャーユ　ヴァース　ス　ノーヴィム　ゴーダム

ワンポイント アドバイス

ロシアの街を歩くと必ず出くわすのが、この「〜は故障中、休業中」のフレーズ。動詞のработать（働く）が使われているのが、何ともユーモラスな感じがしてしまいます（не работаетの文字どおりの意味は、「働かない」）。

「〜は故障中、休業中」の構文

| Компью́тер
Эскала́тор
Телефо́н
Лифт | + не рабо́тает. | コンピューター
エスカレーター
電話
エレヴェーター | } は故障中。 |

| Магази́н
Апте́ка
Поликли́ника | + не рабо́тает. | お店
薬局
診療所 | } は休みです。 |

練習 復習しながら話してみよう

B 16 ●基本会話の練習をしましょう！

B 17 ●応用会話の練習をしましょう！

1. Алло́, О́ля (　　)?　　　　　　　　もしもし、オーリャさんはご在宅ですか。
   – Сейча́с её нет.　　　　　　　　　　—今、留守です。

2. Что переда́ть?　　　　　　　　　　何か伝言しましょうか。
   – Я перезвоню́ (　　).　　　　　　　—あとでかけなおします。

3. Поздравля́ю вас с днём (　　).　　誕生日おめでとう！
   – Спаси́бо.　　　　　　　　　　　　—ありがとう。

解答 1. до́ма　 2. по́зже　 3. рожде́ния

Урок 17　電話

Урок 18
道を尋ねる

ロシア人に道を尋ねると、本当は自分が知らなくても、親切心からいろいろと教えてくれることがあります。教えられて道に迷ったら、すぐにほかの人に尋ねてみましょう。

▶ **Скажи́те, пожа́луйста, как пройти́**
スカジーチェ　　　パジャールスタ　　　カーク　　プライチー
к метро́?
ク　メトロー
あのー、地下鉄の駅はどこですか。

▶ **Далеко́ отсю́да?**
ダリコー　　アトシューダ
ここからは遠いですか。

▶ **Кака́я это ста́нция?**
カカーヤ　　エタ　　スタンツィヤ
何という駅ですか。

ゆう子

▶ **Поня́тно. Это бли́зко от**
パニャートナ　　エタ　　ブリースカ　アト
Центра́льного почта́мта.
ツェントラーリナヴァ　　　パチタムタ
ああ、中央郵便局の近くですね。

解説

①ロシア語の［疑問詞＋動詞の不定形］は英語の［疑問詞＋to 不定詞］と同じ働きをします。как＋不定形であれば「〜のしかた」になります。

②「10分」は 10 мину́т ですが、本文のように数と単位（この場合は分）の語順をひっくり返すと「およそ〜」の意味になります。

語句の説明

*пройти ㊝：（ある所を）通っていく
Иди́те ㊙ ＜ идти́ ㊝：（歩いて）行きなさい
пря́мо：まっすぐ　　　пото́м：そのあと
сра́зу：すぐに　　　поверни́те ㊙ ＜ *поверну́ть ㊝：曲がりなさい
нале́во：左へ　　　далеко́：遠い
отсю́да：ここから　　　пешко́м：歩いて
бли́зко：近い　　　от ＋ ㊥：～から
Поня́тно：わかった　　　Центра́льный почта́мт：中央郵便局

◀ **Иди́те пря́мо, пото́м сра́зу поверни́те**
　　イジーチェ　　　　プリャーマ　　　パトム　　　スラーズー　　パヴェルニーチェ
нале́во.
　ナリェーヴァ
ここをまっすぐ行って、すぐ左に曲がってください。

◀ **Нет.　Пешко́м мину́т 10.**
　　ニェート　　　　ピシュコーム　　ミヌート　　ジェーシチ
いいえ、歩いて10分ぐらいかな。

◀ **Это — «Охо́тный ряд».**
　　エタ　　　　　　アホートヌイ　　　リャート
「アホートヌィ・リャート駅」です。

通行人

◀ **Соверше́нно ве́рно.**
　　サヴェルシェンナ　　　ヴェールナ
そのとおりです。

③人にものを尋ねる時には、相手にいきなり質問をしないで Скажи́те, пожа́луйста を必ずつけてください。さらに Бу́дьте добры́ などの呼びかけの言葉や、Извини́те などの失礼を詫びる言葉を先に言うと、とてもていねいな口調になります。

Уро́к 18　　101　　道を尋ねる

関連表現／よく使う表現

私はどうしたらいいのかわからない。 　Я не зна́ю, что де́лать.
　ヤー ニ ズナーユ　シトー　ジェーラチ

いつ出発すべきか、考えなければならない。 　На́до поду́мать, когда́ выезжа́ть.
　ナーダ　パドゥーマチ　カグダー　ヴィイズジャーチ

だれを愛すればいいのか、決めるのは私には難しい。 　Мне тру́дно реши́ть, кого́ люби́ть.
　ムニェ トゥルードゥナ　レシーチ　カヴォー　リュビーチ

すみません、ここからサーカス場までは、どう行けばいいのですか。 　Скажи́те, пожа́луйста,
　スカジーチェ　　パジャールスタ
　как пройти́ отсю́да до ци́рка?
　カーク　プライチー　アトシュダー ダ ツィールカ

―最初にまっすぐ行って、次に右に曲がってください。 　― Снача́ла иди́те пря́мо, пото́м
　スナチャーラ イジーチェ プリャーマ　パトム
　поверни́те напра́во.
　パヴェルニーチェ ナプラーヴァ

―実は、私もここの地理には疎いのです。 　― Де́ло в том, что я незде́шний.
　ジェーラ フトム　シトー ヤー ニズジェシュニイ

―ほかの人に聞いてください。 　― Спроси́те у кого́-нибу́дь ещё.
　スプラスィーチェ ウ　カヴォニブーチ イショー

ここから公園までは遠いですか。 　Далеко́ отсю́да до па́рка?
　ダリコー　アトシュダー ダ　パールカ

―ここからだと、100メートルくらいですね。 　― Отсю́да до па́рка ме́тров сто.
　アトシュダー ダ パールカ ミェートラフ ストー

ここから空港までは、何分かかりますか。 　Ско́лько мину́т отсю́да до аэропо́рта?
　スコリカ　ミヌート アトシュダー ダ　アエラポールタ

―車で50分ぐらいです。 　― До аэропо́рта на маши́не мину́т 50.
　ダ　アエラポールタ ナ マシーニェ ミヌート ピジシャート

―地下鉄で1時間ぐらいです。 　― На метро́ приме́рно час.
　ナ メトロー プリミェールナ チャス

ワンポイント アドバイス

　方向を示す表現では、名詞だけで言うよりも、以下の4つの前置詞を使い分けて、はっきりと方向を示すようにするとよいでしょう。それぞれ、次にくる「名詞」の「格」が違うので気をつけてください。

「方向を示す」表現

в＋場所(対)	「〜（の中）へ」	【例】	в Москву́	（モスクワへ）
на＋場所(対)	「〜に、（の上）へ」		на у́лицу	（通りへ）
к＋人，場所(与)	「〜の所へ、の方へ」		к ней	（彼女の所へ）
до＋場所(生)	「〜まで」		до Москвы́	（モスクワまで）

練習　復習しながら 話してみよう

●基本会話の練習をしましょう！

●応用会話の練習をしましょう！

1．Ско́лько мину́т (　　)　　　　　ここから空港までは、何分かかりますか。
　　до аэропо́рта?
　　– На метро́ мину́т 50.　　　　　—地下鉄で50分ぐらいです。

2．Как пройти́ отсю́да до ци́рка?　ここからサーカス場までは、どう行けば
　　　　　　　　　　　　　　　　　いいのですか。
　　– Я (　　).　　　　　　　　　　—私もここの地理には疎いのです。

3．(　　) отсю́да до па́рка?　　　　ここから公園までは遠いですか。
　　– Нет, бли́зко.　　　　　　　　—いいえ、近いですよ。

解答　1．отсю́да　　2．нездéшний　　3．Далеко́

Уро́к 18　　道を尋ねる

Урок 19
訪　問

知人を訪問する際に絶対にしてはならないのは、敷居越しの握手です。ロシア人はこれを極端に嫌いますので、まず玄関に入ってからあいさつを交わすようにしてください。

▶ **Ты до́лго шёл.**
トゥイ　ドールガ　ショール
ずいぶん時間がかかったわね。

▶ **Познако́мься. Э́то мои́ роди́тели.**
パズナコーミスィヤ　　エタ　　マイー　　ラジーチェリ
紹介するわ。私の両親よ。

サーシャ

▶ **Ну, как? Тебе́ понра́вилась на́ша кварти́ра?**
ヌー　カーク　　チベ　　パヌラーヴィラシ　　ナーシャ
クヴァルチーラ
どう、ここは気に入った？

解説 ①動詞の過去形は、主語の「性」と「数」に応じて4つの語尾変化をします。例外もありますが、基本は語尾の-ть をとって、主語が男性名詞の時は -л、女性名詞の時は -ла、中性名詞の時は -ло、複数名詞の時は -ли をつけます。【例】　говори́ть ⇒ говори́л, говори́ла, говори́ло, говори́ли

Ⅱ 旅行会話　　第19課

語句の説明

до́лго：長い間　　　шёл 男 ＜ идти́ 不：歩いた
Извини́ 命 ＜ *извини́ть 不：ごめん
заблуди́лся 男 ＜ *заблуди́ться 不：道に迷った
Познако́мься 命 ＜ *познако́миться 不：知り合いになってね
роди́тели：両親　　　рад 男：うれしい（ра́да 女）
с ＋ 造：〜と（共に）　на́ша 女：私たちの（наш 男）
понра́вилась 女 ＜ *понра́виться 不：気に入った
кварти́ра：アパート、住居　　симпати́чные 複：感じがいい
【注】造：造格　複：複数形

◀ **Извини́. Я заблуди́лся.**
　　イズヴィニー　　　ヤー　　　ザブルジールスィヤ
ごめん。道に迷っちゃった。

◀ **О́чень рад с ва́ми познако́миться.**
　オーチン　　ラート　ス　ヴァーミ　　　パズナコーミッツァ
はじめまして。よろしく。

たかし

◀ **Да, о́чень. И роди́тели у тебя́**
　ダー　オーチン　イ　　ラジーチェリ　ウ　チビャ
симпати́чные.
　スィンパチーチヌィエ
うん、とっても。ご両親も感じがいいね。

---

② 語尾が -ться で終わる動詞（主に自動詞）の過去形は、主語に合わせて語尾をそれぞれ 男-лся, 女-лась, 中-лось, 複-лись に変えます。
　【例】　заблуди́ться ⇒ заблуди́лся, заблуди́лась, заблуди́лось, заблуди́лись

Уро́к 19　　訪問

関連表現／よく使う表現

初対面ですか。紹介します。
Вы не знако́мы? Познако́мьтесь, пожа́луйста.
ヴィ ニ ズナコームイ パズナコーミチェスィ
パジャールスタ

—お会いできてうれしいです。
– О́чень рад / ра́да ви́деть вас.
オーチン ラート ラーダ ヴィージチ ヴァス
（рад は男性、ра́да は女性の場合）

きょうの昼はお暇ですか。
Вы свобо́дны сего́дня днём?
ヴィ スヴァボードヌイ スィヴォードニャドゥニョム

—ええ、暇です。
– Да, я свобо́ден / свобо́дна.（男性／女性）
ダー ヤース ヴァボージェン スヴァボードナ

—いいえ、忙しいです。
– Нет, я за́нят / занята́.
ニェート ヤーザーニャト ザニター

私の意見に賛成ですか。
Вы согла́сны со мной?
ヴィ サグラースヌイ サ ムノイ

—はい、賛成です。
– Да, я согла́сен / согла́сна.
ダー ヤーサグラーシェン サグラースナ

ミーシャから、くれぐれもよろしくとのことでした。
Большо́й приве́т вам от Ми́ши.
バリショイ プリヴェート ヴァム アト ミーシ

ロシアのどこが気に入りましたか。
Что вам понра́вилось в Росси́и?
シトー ヴァム パヌラーヴィラスィ ヴ ラスィーイ

—私は、自然が気に入りました。
– Мне понра́вилась ру́сская приро́да.
ムニェ パヌラーヴィラスィ ルースカヤ プリローダ

彼／彼女はどんな人ですか。
Что он / она́ за челове́к?
シトー オン アナー ザ チェラヴェーク

—彼は頭のいい／仕事のできる／陽気な人です。
– Он у́мный / делово́й / весёлый челове́к.
オン ウームヌイ ジラヴォーイ ヴィショールイ チェラヴェーク

—彼女は頭のいい／やさしい／陽気な人です。
– Она́ у́мная / до́брая / весёлая.
アナー ウームナヤ ドーブラヤ ヴィショーラヤ

ワンポイント アドバイス

「～は…が気に入った」という構文の場合、気に入った「もの（主語）」は普通、文の最後に置かれます。その際、「格」は「主格」になりますので、辞書に載っているままの言葉を言うだけで済み大変に便利です。

「～は…が気に入った」の構文

[意味上の主語 与] ＋ [気に入った 動] ⇐ [何が 主]

Мне [私は]	понра́вился	бале́т. （バレエが） 男
Тебе́ [きみは]	понра́вилась	маши́на. （車が） 女
Ему́ [彼は]	понра́вилось	кино́. （映画が） 中
Ей [彼女は]	понра́вились	конфе́ты. （キャンディーが） 複
Нам [私たちは]		
Вам [あなた（たち）は]		
Им [彼らは]		

【例】 Ей понра́вилось кино́. （彼女はその映画が気に入った。）

練習　復習しながら話してみよう

● 基本会話の練習をしましょう！

● 応用会話の練習をしましょう！

1. Что он за (　　)?　　　　　　彼はどんな人ですか。
 – Он у́мный.　　　　　　　　　—頭のいい人です。

2. Вы (　　) сего́дня днём?　　　きょうの昼はお暇ですか。
 – Да, я свобо́ден.　　　　　　　—はい。

3. Что она́ за челове́к?　　　　　彼女はどんな人ですか。
 – Она́ (　　).　　　　　　　　　—やさしい人です。

解答　1. челове́к　2. свобо́дны　3. до́брая

Уро́к 19　107　訪問

チェックタイム ⑥

●第17課から第19課までの復習です。カッコの中に適切な言葉を1語入れて、文を完成させてください。次に、CDを聞いて答を確かめ、発音練習をしましょう。

1. Алло́, О́ля (　　)? 　　　　　　　もしもし、オーリャさんはご在宅ですか。
2. Сейча́с её (　　). 　　　　　　　今、留守です。
3. Что (　　)? 　　　　　　　　　　何か伝言しましょうか。
4. Я (　　) по́зже. 　　　　　　　　あとでかけなおします。
5. (　　) вас с днём рожде́ния. 　　誕生日おめでとう！
6. Ско́лько мину́т (　　) до по́рта? 　ここから港までは、何分ですか。
7. На (　　) мину́т 30. 　　　　　　地下鉄で30分ぐらいです。
8. Как (　　) отсю́да до ци́рка? 　　サーカス場までどう行けばいいのですか。
9. Я (　　). 　　　　　　　　　　　私もここの地理には疎いのです。
10. (　　) отсю́да до па́рка? 　　　　ここから公園までは遠いですか。
11. Нет, (　　). 　　　　　　　　　いいえ、近いです。
12. Что он за (　　)? 　　　　　　　彼はどんな人ですか。
13. Он (　　). 　　　　　　　　　　頭のいい人です。
14. Вы (　　) сего́дня днём? 　　　　きょうの昼はお暇ですか。
15. Нет, я (　　). 　　　　　　　　いいえ、忙しいです。

解答　1. до́ма　2. нет　3. переда́ть　4. перезвоню́　5. Поздравля́ю
6. отсю́да　7. метро́　8. пройти́　9. незде́шний　10. Далеко́
11. бли́зко　12. челове́к　13. у́мный　14. свобо́дны　15. за́нят(а́)

カルチャーコラム⑤

駅物語

　ロシア語には、ста́нция と вокза́л という、「駅」を意味する2つの単語があります。前者は地下鉄などの「駅」、後者は鉄道の「ターミナル駅」のことです。まず、日常頻繁に使う地下鉄の駅ですが、残念ながらトイレがありません。またエスカレーターのスピードが、体感で秒速2ｍはあろうかというくらいの高速です。それでもホームまで降りるのに1分以上かかる駅はざらにあります。気の短い（？）モスクワっ子たちは、猛スピードでこのエスカレーターを駆け降りて行きます。ですからその人たち用にエスカレーターの左側は、常に空けておくことになっています。

　一方、モスクワの一部を除いて、鉄道駅には改札口がありません。切符のチェックは、車掌が、客が列車に乗る直前にホームで行います。

　そしていちばん驚かされることは、駅名に終点の都市名が付いている点です。「カザン駅」や「キエフ駅」はカザンやキエフにあるのではなく、モスクワ市内にあるのです。これは、自分の目的地へ向かう列車に間違いなく乗れるというメリットがありますが、日本人には、東京に京都駅があるようでちょっと妙な感じです。このあたりの事情を知らない旅行者が、市内のホテルからタクシーで「ニコラエフスキー駅」（いまだに「ペテルブルグ駅」と改名されていません）に着いた時に、もうペテルブルグに着いたのか、と誤解したとか。でも、ペテルブルグまでは急行でも8時間はかかります。

　ところで、筆者が学生たちとこの列車に乗った時のこと。ロシアの長距離列車には1つのコンパートメントに、左右2段の寝台が付いています。夜中に目が覚め、ふと隣の寝台を見てビックリ。薄明かりの中、女子学生がこちらに背を向けてうずくまっていたのです（人数の関係で、彼女だけ男性陣といっしょでした）。心なしか肩が小刻みに震えています。泣いているのかと思い、声をかけました。すると振り向いた彼女の手には、大きなかたまりが！　おなかがすいて、黒パンをまるごとかじっていたのでした……。翌朝、急行列車は、何事もなかったかのように、朝もやに煙るペテルブルグの「モスクワ駅」に、静かに到着しました。

Урок 20
誘い

ロシア人に誘われた時に、生返事は誤解のもとです。また、自分からロシア人を誘う時にも、社交辞令のような誘い文句は通用しないので、きちんと日時を告げるのが礼儀です。

▶ **Ты уже́ что-нибу́дь осмотре́ла в го́роде?**
トゥイ　ウジェ　　シトニブーチ　　　アスマトリェーラ　ヴ　ゴーラジェ
もうどこか市内観光はしたの？

▶ **Е́сли хо́чешь, дава́й за́втра осмо́трим го́род.**
ィエースリ　ホーチェシ　　ダヴァイ　ザーフトラ　　アスモートリム　　ゴーラト
よかったらあした、市内観光しようよ。

▶ **Тогда́ пойдём в Третьяко́вку.**
タグダー　　パイジョム　フ　　トゥリチェコーフクー
じゃあ、トレチャコフ美術館はどう？

ヴァロージャ

▶ **Дава́й встре́тимся в вестибю́ле гости́ницы**
　ダヴァイ　　フストリェーチムスィヤ　ヴ　　ヴィスチビューリェ　　　ガスチーニツィ
в час дня.
フ　チャス　ドゥニャ
では、ホテルのロビーで昼の1時に落ち合いましょう。

解説

①疑問詞 что（何）の後ろに -нибудь をつけると、「（不特定の）何か」の意味になります。同様に -то をつけると、「（何かわからない）何か」の意味になります。
【例】кто-нибу́дь「（不特定の）だれか」　кто-то「（見知らぬ）だれか」

Ⅱ 旅行会話　　第20課

語句の説明

уже́：すでに　　осмотре́ла 女＜ *осмотре́ть 不：見学した
что-нибу́дь：（何でもいい）何かを　　пока́：今のところ
то́лько：ただ～、～だけ　　е́сли：もしも～なら
Дава́й (те)：～しよう　　немно́жко：少し（＝немно́го）
уста́ла 女＜ *уста́ть 不：疲れた　　тогда́：その時、それなら
Третьяко́вка：トレチャコフ美術館　　от гости́ницы：：ホテルから
встре́тимся＜ *встре́титься：会う　　вестибю́ль：ロビー
До за́втра：さようなら（あしたまで）

◀ **Пока́ нет. Была́ то́лько на Кра́сной пло́щади.**
　　パカ　ニェート　ブィラ　トーリカ　ナ　クラースナイ　プローシャジ
まだよ。赤の広場だけ。

◀ **Спаси́бо. Но я немно́жко уста́ла.**
　　スパシーバ　　ノ　ヤー　ニムノーシュカ　ウスターラ
ありがたいけれど、疲れているから……。

◀ **Хорошо́. Э́то бли́зко от гости́ницы.**
　　ハラショー　　エタ　ブリースカ　アド　ガスチーニツィ
いいわ。ホテルから近いですものね。

ゆう子

◀ **До за́втра.**
　　ダ　ザーフトラ
じゃあ、あした。

---

②動詞 дава́й (те) には「～しましょう」の意味があり、後ろに続く「動詞の体」の違いによって、次のように使い分けます。

不完了体⇒ Дава́й + 不定形　　【例】散歩しよう。　→ Дава́й гуля́ть.
完　了　体⇒ Дава́й + мы の変化　　　　　　　　　→ Дава́й погуля́ем.

Уро́к 20　　111　　誘い

関連表現／よく使う表現

彼はこの冬どこに行きましたか。
Где он был э́той зимо́й?
グジェ オン ブィル エータイ ズィモーイ
/ Куда́ он е́здил в э́том году́ зимо́й?
クダー オン ィエーズジル ヴ エータム ガドゥー ズィモーイ

—ペテルブルグです。
– Зимо́й он был в Санкт-Петербу́рге.
ズィモーイ オン ブィル フ サンクトピチルブールギェ

彼女は春にパリに行ってきました。
Весно́й она́ была́ в Пари́же.
ヴェスノーイ アナ ブィラ フ パリージェ

５年前は、彼は学生だった。
Пять лет наза́д, он был студе́нтом.
ピャーチ リェート ナザート オン ブィル ストゥジェンタム

かつて彼女は、看護師でした。
Ра́ньше она́ была́ медсестро́й.
ランシェ アナ ブィラ ミェトシストロイ

ビールを飲みに行こう。
Пойдём вы́пьем пи́ва.
パイジョム ヴィピェム ピーヴァ

—喜んで。
– С удово́льствием.
スーダヴォーリストヴィエム

ロシア語だけで話しましょう。
Дава́йте говори́ть то́лько по-ру́сски.
ダヴァイチェ ガヴァリーチ トーリカ パルースキ

—それはいやです。
– Не хочу́.
ニ ハチュー

疲れましたか。
Вы уста́ли?
ヴィ ウスターリ

いっしょに昼食をとりましょう。
Дава́йте пообе́даем вме́сте.
ダヴァイチェ パアビェーダエム ヴミェスチェ

—ごめんなさい、もう済ませたの。
– Извини́те, я уже́ пообе́дала.
イズヴィニーチェ ヤー ウジェ パアビェーダラ

ワンポイント アドバイス

「〜に行った（ことがある）」と言いたい時には、「行く」という動詞の過去形よりは、быть（〜にいる、ある）を使うほうが簡単です。

「〜にいた、〜に行った、〜にあった」の構文

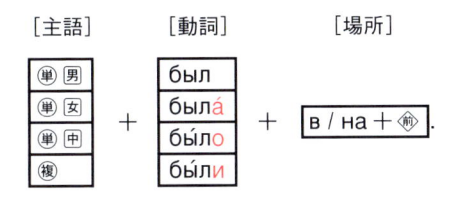

[主語]　　　　[動詞]　　　　　　[場所]

単男		был		
単女	+	была	+	в / на ＋ 前
単中		было		
複		были		

【例】　Вóва был в цирке.　　　（ヴォーヴァはサーカスに行った。）
　　　Онá былá в магазине.　（彼女はお店に行っていた。）
　　　Метрó было рядом.　　（地下鉄の駅はすぐそばにあった。）
　　　Они были на Кавкáзе.　（彼らはコーカサスに行ったことがある。）

練習　復習しながら 話してみよう

●基本会話の練習をしましょう！

●応用会話の練習をしましょう！

1. (　　) пообéдаем вмéсте.　　　　いっしょに昼食をとりましょう。
   – Извините, я ужé пообéдала.　　—ごめんなさい、もう済ませたの。

2. Где он (　　) этой зимóй?　　　　彼はこの冬どこに行きましたか。
   – Зимóй он был в Париже.　　　—パリに行ってきました。

3. (　　) выпьем пива.　　　　　　ビールを飲みに行こう。
   – С удовóльствием.　　　　　　—喜んで。

解答　1. Давáйте　2. был　3. Пойдём

Урок 21
見　学

美術館や教会、博物館などロシアはどの町にも見どころがたくさんあります。たいていは窓口で入場券を買い、入り口で半券をもぎ取られます。残った半券は旅の思い出に……。

▶ **Два билéта, пожáлуйста.**
ドゥヴァ　ビリェータ　　パジャールスタ
入場券、2枚お願いします。

▶ **Здесь мóжно фотографи́ровать?**
ズジェスィ　モージュナ　　ファタグラフィーラヴァチ
写真を撮ってもいいですか。

▶ **Скóлько здесь экспонáтов?**
スコリカ　ズジェスィ　エクスパナータフ
展示品はどれくらいありますか。

たかし

▶ **До котóрого чáса откры́т музéй?**
ダ　カトーラヴァ　チャーサ　アトクルイト　ムズェイ
何時まで開いていますか。

解説
①チケット1枚は оди́н биле́т、2〜4枚までは два [три, четы́ре] биле́т**а**、5枚以上（ただし、数字の末尾が оди́н, два, три, четы́ре 以外）は биле́т**ов** になります。
【例】Да́йте мне, пожа́луйста, пять биле́тов.（チケットを5枚ください。）

語句の説明

при＋⟨前⟩：〜のそばで、〜の際に　　вход：入り口
фотографи́ровать ⟨不⟩：写真を撮る
*заплати́ть ⟨不⟩：支払う　　сто：100
экспона́тов ⟨複⟩⟨生⟩＜ экспона́т：展示品　　то́чно：正確に
хва́тит ＜ *хвати́ть ⟨不⟩：足りる、間に合う　　жизнь：人生、一生
всё：すべて、全部　　до кото́рого ча́са：何時まで
откры́т ⟨男⟩：開いている（откры́та ⟨女⟩, откры́то ⟨中⟩, откры́ты ⟨複⟩）
музе́й：博物館、美術館

◀ **Пожа́луйста. Покажи́те их при вхо́де.**
　　パジャールスタ　　　パカジーチェ　イフ　プリ　フホージェ
どうぞ。入り口で提示してください。

◀ **Да. Но за э́то вам на́до заплати́ть сто рубле́й.**
　ダー　ノ　ザ エタ　ヴァム　ナーダ　　ザプラチーチ　　ストー　ルブレィイ
ええ。ご希望でしたら、あと100ルーブル。

◀ **То́чно не зна́ю. Не хва́тит жи́зни, чтобы осмотре́ть всё.**
　トーチナ　ニ　ズナーユ　ニ　フヴァーチト　　ジーズニ　　シトーブィ
　アスマトリェーチ　フショー
さあ……。全部見たら一生かかるかもしれませんね。

美術館の受付

◀ **До шести́ часо́в ве́чера.**
　ダ　シスチー　チソフ　ヴェーチェラ
午後6時まで開いています。

---

②接続詞の чтобы は「〜するために」という目的を表します。使い方としては、чтобы の後ろに①動詞の不定形を直接つける場合と、②文を続ける場合があります。②の場合、動詞は常に過去形になります。
【例】чтобы вы осмотре́ли всё（あなたがすべてを見るために）

見　学

Урок 22
観　劇

ロシアに行ったなら、ぜひとも訪れたいのが劇場です。言葉に自信がなくてもだいじょうぶ。ロシア文化の魅力にじかに触れる、絶好の機会になることは間違いありません。

▶ **Что идёт сегодня вечером?**
シトー　イジョート　スィヴォードゥニャ　ヴェーチェラム
今夜の演目は何ですか。

▶ **Это интересно?**
エタ　　インチェリェースナ
おもしろいですか。

ゆう子

▶ **Ну, дайте мне самое хорошее место.**
ヌー　　ダイチェ　　ムニェ　　サーマエ　　　ハローシェエ　　ミェースタ
じゃあ、いちばんいい席をください。

▶ **Мне бинокль не нужен.**
ムニェ　　ビノークリ　　ニ　　ヌージェン
オペラグラスは必要ないですね。

解説

①「もっとも～」、「いちばん～」と言葉を強調したい時には самый を前につけます。これも形容詞と同じく語尾変化します。「より～」と言いたい時には более を使います。こちらは変化しません。

②動詞［мочь＋不定形］は「～できる状況にある、能力がある」の意味。

語句の説明

идёт ＜ идти 不：行われる　　опере́тта：オペレッタ（ミュージカル）
«Лету́чая мышь»：「コウモリ」　са́мая 女 ＜ са́мый：もっとも～、いちばん～
популя́рная 女 ＜ популя́рный：人気のある　　ме́сто：場所、席
пе́рвый：最初の　　ряд：並び、列　　парте́р：1階の平土間席
бино́кль：オペラグラス　　ну́жен 男：～は必要だ
с ним：それとともに　　*получи́ть 不：受け取る
в гардеро́бе：クロークで　　без о́череди：並ばずに
мо́жете ＜ мочь 不 (могу́, мо́жешь, мо́жет, мо́жем, мо́жете, мо́гут)：～できる

◀ **Сего́дня ве́чером идёт опере́тта «Лету́чая**
スィヴォードゥニャ　ヴェーチェラム　イジョート　アピレッタ　リトゥーチャヤ
мышь».
ムィシ
オペレッタ「コウモリ」です。

◀ **Э́то са́мая популя́рная опере́тта.**
エタ　サーマヤ　パプリャールナヤ　アピレッタ
大人気ですよ。

◀ **Пе́рвый ряд парте́ра, 24ое ме́сто.**
ピェールヴィ　リャート　パルテーラ　ドゥヴァーツァチ チトヴョールタェ ミェースタ
平土間の1列目、24番目の席です。

劇場の
切符売り

◀ **С ним вы мо́жете получи́ть пальто́**
ス　ニム　ヴィ　モージェチェ　パルチーチ　パリトー
в гардеро́бе без о́череди.
ヴ　ガルジェローブェ　ビェズ　オーチェリジ
オペラグラスを借りると、並ばないでコートを受け取れますよ。

---

③「能力」だけを問題にする場合は［уме́ть＋不定形］を使います。
④劇場の席を表す言葉；парте́р「1階普通席」、амфитеа́тр「1階後部階段席」、ло́жа「ボックス席」、бельэта́ж「2階席」、балко́н「上階の大衆席」

Уро́к 22　119　観　劇

関連表現／よく使う表現

🔵36 今、そちらはどんな天気ですか。　　Какая у вас сейчас погода?
　　　　　　　　　　　　　　　　　　カカーヤ　ウ　ヴァス　スィチャス　　パゴーダ

　　―雨／雪が降っています。　　　　　― Сейчас у нас идёт дождь / снег.
　　　　　　　　　　　　　　　　　　　スィチャス　ウ　ナス　イジョート　ドーシチ　スニェーク

この帽子、似合うと思う？　　　　　　Как вы думаете, идёт мне шляпа?
　　　　　　　　　　　　　　　　　　カーク　ヴィ　ドゥーマェチェ　イジョート　ムニェ　シュリャーパ

　―ええ、緑がとってもお似合いですよ。　― Да, вам о́чень идёт зелёный цвет.
　　　　　　　　　　　　　　　　　　　　ダー　ヴァム　オーチン　イジョート　ズィリョースィ　ツヴェート

あなたは、泳げますか。　　　　　　　Вы умеете плавать?
　　　　　　　　　　　　　　　　　　ヴィ　ウミェーイチェ　プラーヴァチ

　―ええ、泳げますよ。　　　　　　　― Да, умею.
　　　　　　　　　　　　　　　　　　　ダー　ウミェーユ

どんなご用ですか。　　　　　　　　　Что вам угодно?
　　　　　　　　　　　　　　　　　　シトー　ヴァム　　ウゴードナ

　―露和辞典が必要です。　　　　　　― Мне нужен русско-японский словарь.
　　　　　　　　　　　　　　　　　　　ムニェ　ヌージェン　　ルスカイポンスキイ　　スラヴァーリ

私たちは、あなたの助けが必要なんです。　Нам нужна ваша помощь.
　　　　　　　　　　　　　　　　　　　ナム　　ヌジュナー　ヴァーシャ　　ポーマシ

ペテルブルグはどうですか。　　　　　Вам нравится Санкт-Петербург?
　　　　　　　　　　　　　　　　　　ヴァム　ヌラーヴィッツァ　　　サンクトピチルブールク

　―ロシアでいちばん美しい町だと思います。　― Да, я думаю, что это самый
　　　　　　　　　　　　　　　　　　　　　　ダー　ヤー　ドゥーマユ　シト　エタ　サームイ
　　　　　　　　　　　　　　　　　　красивый город в России.
　　　　　　　　　　　　　　　　　　クラスィーヴイ　ゴーラド　ブ　ラシーイ

彼女はいちばん優秀な学生です。　　　Она самая хорошая студентка.
　　　　　　　　　　　　　　　　　　アナー　　サーマヤ　　ハローシャヤ　　ストゥジェントカ

ワンポイント アドバイス

比較の表現には、①形容詞の語尾を変化させる方法と、②бо́лее「より〜」を使う方法があります。②のほうが対象を厳密に比較している感じがします。бо́лее は語形変化しません。чем は英語の than に当ります。

「比較」の表現

①主語＋形容詞（-ееなど）──→ ＋чем＋（生）
　　　　　　　　　　　　　└→ ＋（生）

【例】 オーリャはサーシャより美しい。 → О́ля краси́вее, чем Са́ша.
　　　　　　　　　　　　　　　　　　 → О́ля краси́вее Са́ши.

②主語＋бо́лее＋形容詞＋чем＋（生）

【例】 Э́тот уче́бник бо́лее ну́жный, чем тот.
（それよりもこの教科書のほうが必要である。）

練習　復習しながら話してみよう

● 基本会話の練習をしましょう！

● 応用会話の練習をしましょう！

1. Что вам (　　)?　　　　　　　　　どんなご用ですか。
 – Мне ну́жен ру́сско-япо́нский　　　 —露和辞典が必要です。
　 слова́рь.

2. Вы уме́ете пла́вать?　　　　　　　あなたは、泳げますか。
 – Да, (　　).　　　　　　　　　　　—ええ、泳げますよ。

3. Кака́я у вас сейча́с пого́да?　　　　今、そちらはどんな天気ですか。
 – Сейча́с у нас (　　) дождь.　　　 —雨が降っています。

解答　1. уго́дно　　2. уме́ю　　3. идёт

Урок 22　　観　劇

チェックタイム ⑦

●第20課から第22課までの復習です。カッコの中に適切な言葉を1語入れて、文を完成させてください。次に、CDを聞いて答を確かめ、発音練習をしましょう。

1. Давáйте пообéдаем (　　). いっしょに昼食をとりましょう。
2. Где онá (　　) э́той зимóй? 彼女はこの冬どこに行きましたか。
3. Зимóй онá былá в (　　). パリに行ってきました。
4. Пойдём (　　) пи́ва. ビールを飲みに行こう。
5. С (　　). 喜んで。
6. До (　　) чáса рабóтает магази́н? お店は何時までやっていますか。
7. До котóрого чáса (　　) музéй? 何時まで博物館は開いていますか。
8. До шести́ часóв (　　). 夕方の6時までです。
9. Скóлько вас (　　)? 何名様ですか。
10. (　　) пя́теро. 5人です。
11. Что вам (　　)? どんなご用ですか。
12. Мне (　　) рýсско-япóнский словáрь. 露和辞典が必要です。
13. Вы (　　) плáвать? あなたは、泳げますか。
　 – Да, умéю. ―ええ、泳げますよ。
14. Какáя у вас сейчáс (　　)? 今、そちらはどんな天気ですか。
15. Сейчáс у нас (　　) снег. 雪が降っています。

解答　1. вмéсте　2. былá　3. Пари́же　4. вы́пьем　5. удовóльствием
6. котóрого　7. откры́т　8. вéчера　9. человéк　10. Нас
11. угóдно　12. нýжен　13. умéете　14. погóда　15. идёт

コラム② 時間の表し方

「正〜時」の場合

час（1時）　　2 часа́（2時）　　3 часа́（3時）　　4 часа́（4時）
5 часо́в（5時）　6 часо́в（6時）　7 часо́в（7時）　8 часо́в（8時）
9 часо́в（9時）　10 часо́в（10時）　11 часо́в（11時）　12 часо́в（12時）

「〜時…分」の場合

①「正〜時」の後ろに「分」をつける
　【例】　6 часо́в 15 мину́т（6時15分）　9 часо́в 30 мину́т（9時30分）

②序数詞を使う⇒「〜分＋序数詞（生格）」で表します。

второ́го（1時〜分）　　тре́тьего（2時〜分）　　четвёртого（3時〜分）
пя́того（4時〜分）　　шесто́го（5時〜分）　　седьмо́го（6時〜分）
восьмо́го（7時〜分）　девя́того（8時〜分）　　деся́того（9時〜分）
оди́ннадцатого（10時〜分）　двена́дцатого（11時〜分）　пе́рвого（12時〜分）

　【例】　15 мину́т седьмо́го（6時15分）　полови́на деся́того（9時30分）

◎ロシア語では、12時から1時までの1時間を、第1の時間 пе́рвый час と数えるので、その生格形の пе́рвого は、日本語に直すと「12時過ぎの」という意味になります。
◎30分は полови́на（½）を使い、30 мину́т は使いません。15分は че́тверть（¼）でも表すことができます。　【例】　че́тверть седьмо́го（6時15分）

「〜時…分前」の場合

「без...(分)＋正〜時」で表します。「分」は省略可能。「分」を表す数字は「生格」。
　【例】　без пяти́ шесть（6時5分前）　без че́тверти де́сять（10時15分前）

「〜時（…分）に」と言う場合

「〜時（…分）に」は「в＋対格」で表しますが、会話ではよく в が省略されます。ただし「〜時半に」は、「в полови́не〜」と言い、в は省略できません。

Урок 23
レストラン

レストランでは、ウエイター（ウエイトレス）とのやりとりがポイントになります。ステキなひと時になるかどうかは、あなたの交渉次第。お勘定も、ウエイターに渡します。

▶ **Какóй уютный ресторáн!**
カコーイ　　ウユートヌイ　　リスタラーン
何て落ち着いた雰囲気のレストランなんでしょう！

▶ **На пéрвое — борщ, на вторóе - цыплёнок**
ナ　ピェールヴァエ　　ボールシー　ナ　フタローィエ　　ツィプリョーナク
табакá, пожáлуйста.
タバカー　　　　パジャールスタ
スープは、ボルシチ。メインはローストチキンを。

ゆう子

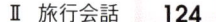

▶ **Крáсное винó. Ещё принесúте,**
クラースナェ　ヴィノー　　イショー　プリニスィーチェ
пожáлуйста, чёрного хлéба.
パジャールスタ　　チョールナヴァ　フリェーバ
赤ワイン。それから黒パンをくださいね。

▶ **Пóсле еды́ принесúте, пожáлуйста, кóфе.**
ポースリェ　ィエドゥイ　プリニスィーチェ　　　パジャールスタ　　　コーフェ
食後にコーヒーをお願いします。

解説
① ［Какóй＋形容詞＋名詞（＋主語）!］で感嘆文になります。イントネーションは、文の終わる直前まで上げ続け、最後に下げます。
② Приятного аппетита の前には、Желáю вам（私はあなたに祈る）が省略されています。［Желáю вам＋名詞⊕］の形で使います。

語句の説明

уютный：落ち着ける、居心地のよい
Я вас слушаю：ご注文は？（あなたの言うことを聞きます）
пе́рвое：スープ（最初の料理）　　борщ：ボルシチ
на второ́е：メインディッシュ（2番目の料理）に
цыплёнок табака́：ローストチキン
принеси́те 命 < *принести́ 不：持ってきてください　чёрный：黒い
хле́ба 生 < хлеб：パン　　по́сле ＋生：〜のあとで　　еды́ 生 < еда́：食事
Прия́тного аппети́та：ごゆっくりどうぞ（心地よい食欲を！）

◀ **Я вас слу́шаю.**

ヤー　ヴァス　　スルーシャユ
ご注文をどうぞ。

◀ **Что вы бу́дете пить?**

シトー　ヴィ　ブージェチェ　ピーチ
お飲み物は何になさいますか。

◀ **Что ещё?**

シトー　イショー
そのほかに何か？

ウエイター

◀ **Хорошо́. Прия́тного аппети́та.**

ハラショー　　　プリヤートナヴァ　　アピチータ
かしこまりました。ごゆっくりどうぞ。

【例】　Жела́ю вам здоро́вья.（ご健康をお祈りします。）

③黒パンは чёрный хлеб ですが、動詞の目的語になる場合、普通は чёрного хле́ба のように、「一部」もしくは「少量」のニュアンスを表す「生格」にして使います。

関連表現／よく使う表現

きょうは何ていい天気だろう！	Какáя сегóдня хорóшая погóда!
何てやさしい人なの！	Какóй дóбрый человéк!
何て寒い／暑いんだ！	Как хóлодно / жáрко!
何て恥ずかしいのでしょう！	Как сты́дно!
どうぞお召し上がりください。	Угощáйтесь, пожáлуйста. / Кýшайте на здорóвье.
どうしました？	Что с вáми?
——お腹がペコペコなんです。	– Я гóлоден / голоднá, как волк.
——もう満腹です。	– Я ужé сыт / сытá.
幸福／成功をお祈りします。	Желáю вам счáстья / успéхов.

ワンポイント アドバイス

ロシアでは、パーティの席以外にも皆で一斉に乾杯してお酒を飲む習わしが根強くあります。そんな時に、下のようなひと言を添えて乾杯するのが普通です。ちなみに До дна! は、「底まで」の意味です。

「乾杯の音頭」

Давáйте вы́пьем! <small>ダヴァイチェ ヴィピェム</small>	（乾杯しましょう！）
До дна! <small>ダ ドゥナー</small>	（乾杯！）
За встрéчу! <small>ザ フストリェーチュー</small>	（出会いに！）
За вáше здорóвье! <small>ザ ヴァーシェ ズダローヴィエ</small>	（あなたのご健康を祝して！）
За нáшу дрýжбу! <small>ザ ナーシュードゥルージュブー</small>	（われわれの友情に！）
За вас! <small>ザ ヴァス</small>	（あなたに！）

練習 復習しながら 話してみよう

●基本会話の練習をしましょう！

●応用会話の練習をしましょう！

1. За вáше (　　)!　　　　　　あなたのご健康を祝して！
   – Спасибо вам.　　　　　　　—ありがとうございます。

2. Что с вáми?　　　　　　　　どうしました？
   – Я (　　).　　　　　　　　　—お腹がペコペコなんです。

3. Кýшайте на здорóвье.　　　　どうぞお召し上がりください。
   – Я ужé (　　).　　　　　　　—もう満腹です。

解答　1. здорóвье　2. гóлоден / голоднá　3. сыт / сытá

Урок 24
買い物

ロシアでは、お店や場所によって物の買い方が違うので初めのうちはとまどいますが、要は数字に強くなることです。ロシア語が速すぎてわからない時には、筆談で交渉するのも有力な方法です。

▶ **Ви́дишь, вон там ры́нок. Пойдём.**
ヴィージシ　ヴォン　タム　ルィーナク　パイジョム
ほら見て、市場よ。行きましょう。

▶ **Не беспоко́йся. Там то́же есть пункт обме́на валю́ты.**
ニ　ビスパコーイシャ　タム　トージェ　イエスチ　プンクト　アブミェーナ　ヴァリュートゥイ
心配しないで。市場には両替所があるわ。

サーシャ

▶ **Посмо́трим. Вот э́то!**
パスモートリム　ヴォト　エタ
見てみましょうね。あったわ！

▶ **Э́то так называ́емая ква́шеная капу́ста. Попро́буй.**
エタ　ターク　ナズィヴァーイマヤ　クヴァーシェナヤ　カプースタ　パプローブイ
例のサワークラウトよ。味見してごらんなさい。

解説

①現在のロシアの生活は、ルーブルを相場の安定しているドルに替えて貯蓄し、ドルを必要に応じて再びルーブルに替えて使う、という一種の二重経済になっているので、「両替所」はロシア人の生活に欠かせないものになっています。

Ⅱ 旅行会話　　第24課

語句の説明

Видишь＜ видеть 不：ねえ、（見えるよね）　　ры́нок：市場
*обменя́ть 不：交換する　　де́ньги 複：お金
есть 不：食べる／存在する　　пункт обме́на валю́ты：両替所
надое́ло 中＜ *надое́сть 不：〜をうんざりさせた
Что э́то тако́е?：これはいったい、何？　　никогда́ не：決して〜ない
так называ́емая 女＜ так называ́емый：いわゆる〜
ква́шеная 女＜ ква́шеный：醗酵した、漬物の　　капу́ста：キャベツ
Попро́буй 命＜ *попро́бовать 不：味見して、試して

◀ **У меня́ нет рубле́й. На́до обменя́ть де́ньги.**
　ウ　　ミニャ　　ニェート　　ルブリェイ　　　ナーダ　　アブミニャーチ　　ジェニギ
ルーブルがないんだ。両替しなくちゃ。

◀ **Есть что-нибу́дь вку́сное? Мне надое́ло**
　イエースチ　　シトーニブーチ　　フクースナエ　　ムニェ　　ナダイエーラ
есть в рестора́нах.
　イエースチ ヴ　　リスタラーナフ
何かおいしい物でもある？　レストランでの食事には飽きたからね。

◀ **Что э́то тако́е? Я никогда́ э́то не про́бовал.**
　シト　エタ　タコーエ　　ヤー　ニカグダー　エタ　ニ　　プローバヴァル
これはいったい何だろう？　一度も食べたことないな。

たかし

◀ **Ой, как вку́сно! Я возьму́ килогра́мм.**
　オイ　カーク　フクースナ　　ヤー　ヴァズィムー　　キラグラーム
何ておいしいんだ！　これを１キロ買おう。

---

②動詞 надое́ло（不 надое́сть）は、「うんざりさせる」という意味で、意味上の主語（うんざりする側）は「与格」になります。形式上の主語（うんざりさせる側）は、動詞の不定形のほかに、（代）名詞をとることもできます。
【例】 Мне надое́ла во́дка.（ウオッカはもう、うんざりだ。）

関連表現／よく使う表現

彼の話を聞くのはうんざりだ。　　Мне надоéло егó слýшать.
　　　　　　　　　　　　　　　　ムニェ　ナディエーラ　イヴォ　スルーシャチ

この料理には飽きた。　　　　　　Мне надоéло э́то блю́до.
　　　　　　　　　　　　　　　　ムニェ　ナディエーラ　エタ　ブリューダ

これをおひとつどうぞ。　　　　　Попрóбуйте э́то.
　　　　　　　　　　　　　　　　パプロープイチェ　エタ

ほっぺたが落っこちそう！　　　　Пáльчики оближешь.
　　　　　　　　　　　　　　　　パーリチキ　　アブリージェシ

劇場でだれかに会いませんでしたか。　Вы когó-нибýдь вúдели в теáтре?
　　　　　　　　　　　　　　　　ヴィ　カヴォニブーチ　ヴィージェリ　フ　チアートリェ

　―いいえ、だれにも会いませんでしたよ。　― Нет, я никогó не вúдел / вúдела.
　　　　　　　　　　　　　　　　ニェートヤー　ニカヴォ　ニ　ヴィージェル　ヴィージェラ

だれか来ましたか。　　　　　　　Ко мне ктó-нибýдь приходи́л?
　　　　　　　　　　　　　　　　カ　ムニェ　クトーニブーチ　プリハジール

　―ええ、だれか来ました。でも、名前を忘れ　― Ктó-то приходи́л, но я не запóмнил
　　てしまいました。　　　　　　　クトータ　プリハジール　ノ　ヤーニ　ザポームニル
　　　　　　　　　　　　　　　　егó и́мя.
　　　　　　　　　　　　　　　　イヴォ　イーミャ

りんごは、おいくら？　　　　　　Почём у вас я́блоки?
　　　　　　　　　　　　　　　　パチョーム　ウ　ヴァス　ヤーブラキ

これはいくらですか。　　　　　　Скóлько (э́то) стóит?
　　　　　　　　　　　　　　　　スコリカ　エタ　ストーイト

　―1キロ500ルーブルです。　　　― Пятьсóт рублéй за килогрáмм.
　　　　　　　　　　　　　　　　ピッソート　ルブレイ　ザ　キラグラーム

安いな／高いよ。　　　　　　　　Дёшево / Дóрого.
　　　　　　　　　　　　　　　　ジョーシヴァ　ドーラガ

ワンポイント アドバイス

代名詞の「主格」と「与格」、「対格」の使い方を、頻繁に使われる動詞を例にとってまとめてみました。【注】①：第1変化　②：第2変化

「代名詞の格変化（主格と与格、対格）」

| 主格 | + | 動詞 | + | 与格 . | 主格 | + | 動詞 | + | 対格 . |

主格	動詞	与格	主格	動詞	対格
Я Ты Он Она́ Мы Вы Они́	позвони́ть ② （電話する） ве́рить ② （信じる） помога́ть ① （手伝う）	мне. тебе́. ему́. ей. нам. вам. им. себе́. （自分自身）	Я Ты Он Она́ Мы Вы Они́	знать ① （知る） слу́шать ① （聞く） понима́ть ① （理解する）	меня́. тебя́. его́. её. нас. вас. их. себя́. （自分自身）

練習　復習しながら　話してみよう

B47
●基本会話の練習をしましょう！

B48
●応用会話の練習をしましょう！

1. Ско́лько э́то (　　)?　　　　　　　これはいくらですか。
   – Три́ста рубле́й.　　　　　　　　　— 300 ルーブルです。

2. Попро́буйте э́то.　　　　　　　　　これをおひとつどうぞ。
   – (　　) обли́жешь.　　　　　　　—ほっぺたが落っこちそう！

3. Пятьсо́т рубле́й за килогра́мм.　　1キロ500ルーブルだよ。
   – (　　).　　　　　　　　　　　　—高いよ。

解答　1. сто́ит　　2. Па́льчики　　3. До́рого

Урок 25
病気

旅先での急病ほど、心細くてつらいものはありません。常備薬を携帯するのはもちろんのことですが、旅行者用の保険にも忘れずに加入しておきましょう。

B49

▶ **Что с ва́ми? На вас лица́ нет.**
シトー ス ヴァーミ ナ ヴァス リツァー ニェート
どうしました？ 顔色が悪いですよ。

▶ **Что вы е́ли на обе́д?**
シトー ヴィ イエーリ ナ アビェート
昼に何か食べましたか。

ホテルの
従業員

▶ **Наве́рное, в э́том причи́на. Я дам вам лека́рство.**
ナヴェルナエ ヴ エータム プリチーナ ヤー ダム ヴァム
リカールストヴァ
きっとそのせいですよ。薬をあげますね。

▶ **Сейча́с вы́зову врача́.**
スィチャス ヴィザヴー ヴラチャー
すぐ医者を呼びますね。

解説

① бутербро́д は、スライスしたパンの上に具をのせただけの、ロシアで最もポピュラーなファーストフードといえます。具は「с＋造格」で表します。

【例】 Бутербро́д с колбасо́й, пожа́луйста.
（サラミのオープンサンドをください。）

Ⅱ 旅行会話　　第25課

語句の説明

лица́ ⽣ < лицо́ : 顔（色）　　боли́т < боле́ть : 痛む　　живо́т : 腹部
си́льно : 強く、ひどく　　на обе́д : 昼食に
бутербро́д : オープンサンド　　с сы́ром : チーズののった
стака́н : コップ（1杯）　　из-под кра́на : カラン（蛇口）から
в э́том : そこに　　причи́на : 原因
лека́рство : 薬　　страхо́вка : 保険証
поде́йствовало 中 < *поде́йствовать : 作用した、効いた
дам < *дать 不 : 与える　　вы́зову < *вы́звать 不 : 呼ぶ　　врач : 医者

◀ **У меня́ си́льно боли́т живо́т.**
　ウ　　ミニャ　　スィーリナ　　バリート　　ジヴォート
ひどくお腹が痛いんです。

◀ **Бутербро́д с сы́ром и стака́н воды́ из-под**
　ブテルブロート　ス　スィラム　イ　スタカーン　ヴァドゥィ　イスパト
кра́на.
　クラーナ
チーズのオープンサンドと水道水……。

◀ **Я уже́ вы́пил лека́рство, но оно́ не**
　ヤー　ウジェ　ヴィピル　リカールストヴァ　ノ　アノ　ニ
поде́йствовало.
　パジェイストヴァヴァラ
もう、飲みました。でもダメです。

たかし

◀ **Вот моя́ страхо́вка.**
　ヴォト　マヤ　ストラホーフカ
これが私の保険証です。

---

②「どうしました？」と言う場合、相手のようすがおかしい（尋常でない）時には Что с ва́ми? または Что с тобо́й? を使います。Что случи́лось? も使えますが、これは、何か事故や事件などが起きたことを前提にしている感じがあります。

Уро́к 25　　133　　病気

関連表現／よく使う表現

私は病気です。　　　　　　　Я бо́лен / больна́.（男／女）
　　　　　　　　　　　　　　ヤー　ボーリェン　　　バリナー

ご気分はいかがですか。　　　Как вы себя́ чу́вствуете?
　　　　　　　　　　　　　　カーク　ヴィ　スィビャ　チューストヴィチェ

どうしたの？　　　　　　　　Что случи́лось?
　　　　　　　　　　　　　　　　シト　　　スルチーラスィ

―吐き気／寒気がします。　　　― Меня́ тошни́т / зноби́т.
　　　　　　　　　　　　　　　　ミニャ　タシュニート　ズナビート

どうしました？　　　　　　　Что с ва́ми?
　　　　　　　　　　　　　　シトー ス ヴァーミ

―熱があるんです。　　　　　― У меня́ температу́ра.
　　　　　　　　　　　　　　　ウ　ミニャ　チムピラトゥーラ

何が欲しいですか。　　　　　Что вы хоти́те?
　　　　　　　　　　　　　　シトー　ヴィ　ハチーチェ

―ハムのオープンサンドをください。　― Бутербро́д с ветчино́й, пожа́луйста.
　　　　　　　　　　　　　　　　　　　ブテルブロート　ス　ヴィッチノイ　　　バジャールスタ

―イクラのカナッペとお茶を1杯ください。　― Бутербро́д с икро́й и ча́шку ча́я,
　　　　　　　　　　　　　　　　　　　　　ブテルブロート　　ス　イクロイ　イ　チャシクー チャーヤ
　　　　　　　　　　　　　　пожа́луйста.
　　　　　　　　　　　　　　バジャールスタ

―ウインナーと卵焼きに、ジュースを1杯お願いします。　― Я хочу́ яи́чницу с соси́сками
　　　　　　　　　　　　　　　　　　　　　　　　　　　　ヤー　ハチューイーイシュニツー　ス　サスィースカミ
　　　　　　　　　　　　　　и стака́н со́ка.
　　　　　　　　　　　　　　イ スタカーン ソーカ

ワンポイント アドバイス

どこが痛むのかをはっきり意思表示するためには、体の部位をロシア語で言える必要があります。痛くなる前に覚えましょう。

「私は〜が痛い、痛む」の構文

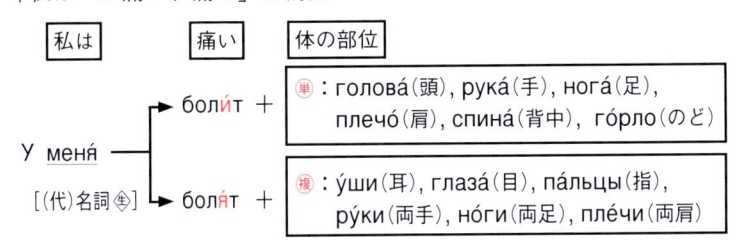

```
 私は      痛い      体の部位
          ┌─► болит +  単: голова(頭), рука(手), нога(足),
У меня ──┤              плечо(肩), спина(背中), горло(のど)
          │
[(代)名詞✢]└─► болят +  複: уши(耳), глаза(目), пальцы(指),
                         руки(両手), ноги(両足), плечи(両肩)
```

【参】 (代)名詞✢の例：тебя, него, неё … Саши, Маши, Вовы など。

練習 復習しながら話してみよう

B51 ●基本会話の練習をしましょう！

B52 ●応用会話の練習をしましょう！

1. Что вы хотите?　　　　　　　　　何が欲しいですか。
　 –（　　）с ветчиной.　　　　　　—ハムのオープンサンドをください。

2. Как вы себя чувствуете?　　　　　ご気分はいかがですか。
　 – Меня（　　）.　　　　　　　　—吐き気がします。

3. Что с вами?　　　　　　　　　　どうしました？
　 – У меня（　　）.　　　　　　　—熱があるんです。

解答　1. Бутерброд　　2. тошнит　　3. температура

Урок 25　　135　　病　気

Урок 26
帰　国

忘れ物をしても慌てずに。所持品を1つ置いて帰ると、またロシアにすぐにやって来られるというジンクスがあります。でもパスポートと飛行機のチケットは忘れないように。

B 53

▶ **Огро́мное спаси́бо за то, что ты проводи́л меня́ в аэропо́рт.**
アグロームナエ　スパスィーバ　ザ　ト　シト　トゥイ　プラヴァジール　ミニャ　ヴ　アエラポールト
空港まで送ってくれてありがとう。

ゆう子

▶ **Тепе́рь а́вгуст, но в Москве́ уже́ о́сень.**
チビェーリ　アーヴグスト　ノ　ヴ　マスクヴェ　ウジェ　オースィン
まだ8月なのにモスクワはもう秋ね。

▶ **А мне да́же хо́лодно.**
ア　ムニェ　ダージェ　ホーラドナ
寒いくらい。

▶ **Бо́же мой! Я оста́вила у тебя́ слова́рь.**
ボージェ　モーイ　ヤー　アスターヴィラ　ウ　チビャ　スラヴァーリ
ああっ、あなたのところに辞書置いてきちゃった！

解説

① お礼を述べる際に［за＋対格］をつけると、よりていねいになると前述しましたが、感謝を端的に表す言葉（名詞）が思いつかない時や、具体的にお礼を述べたい時などには、［за то, что＋文］の形にするとより感謝の気持ちがこもります。

語句の説明

за то, что～：～したことに対して　　в аэропо́рт：空港へ
проводи́л 男 ＜ *проводи́ть 不：見送りに行った、連れて行った
всегда́：いつも　　а́вгуст：8月　　ле́то：夏
начина́ется ＜ начина́ться 不：～が始まる　　о́сень：秋
золота́я ＜ золото́й：黄金の　　да́же：～でさえ、～すら
хо́лодно：寒い　　в са́мом разга́ре：まっ盛り、たけなわ
Бо́же мой!：ああっ！　　оста́вила 女 ＜ *оста́вить 不：置いてきた
слова́рь：辞書　　по нему́：それを使って、それによって

◀ **Ничего́. Мне всегда́ интере́сно с тобо́й**
　　ニチヴォー　　ムニェ　フスィグダー　　インチェリェースナ　ス　タボイ
поговори́ть.
　　パガヴァリーチ
いいさ、きみと話すのはいつもおもしろいから。

◀ **Как раз начина́ется «золота́я о́сень».**
　　カク　ラース　ナチナーィエツァ　　ザラターヤ　　オースィン
ちょうど「黄金の秋」の始まりだよ。

◀ **Сейча́с в Япо́нии в са́мом разга́ре ле́то.**
　　スィチャス　ヴ　イポーニイ　フ　サーマム　ラズガーリェ　リェータ
日本は夏のまっ盛りだね。

ヴァロージャ

◀ **Не пережива́й. Я бу́ду изуча́ть по нему́**
　　ニ　　ピリジヴァイ　　ヤー　ブードゥー　イズゥチャーチ　パ　ニムー
япо́нский язы́к.
　　イポンスキー　　イズィーク
そう落ち込まないで。おかげで、ぼくは日本語の勉強ができそうだよ。

---

② 気候や寒暖などを表す時には、形容詞の語尾から ый / -ий / -ой を取って -о をつけた形を使います。【例】Хо́лодно.（寒い。）

③ Не пережива́й. は「くよくよするな、気にするな」の意味。目上の人には、Не пережива́йте. というように語尾をつけましょう。

Уро́к 26　　137　　帰国

関連表現／よく使う表現

私はむし暑い。　　　　　　　　　Мне ду́шно.
　　　　　　　　　　　　　　　　ムニェ　ドゥーシュナ

ちょっと涼しい。　　　　　　　　Немно́жко прохла́дно.
　　　　　　　　　　　　　　　　ニムノーシュカ　　プラフラードナ

外はとても暑い。　　　　　　　　На у́лице о́чень жа́рко.
　　　　　　　　　　　　　　　　ナ　ウーリツェ　オーチン　ジャールカ

ひなたは暖かい。　　　　　　　　На со́лнце тепло́.
　　　　　　　　　　　　　　　　ナ　ソンツェ　チプロー

悪夢だ！　財布をなくした。　　　Кошма́р!　Я потеря́л кошелёк.
　　　　　　　　　　　　　　　　カシュマール　ヤー　パチェリャール　カシェリョーク

万歳！　勝った！　　　　　　　　Ура́!　Мы победи́ли!
　　　　　　　　　　　　　　　　ウラー　ムィ　パベジーリ

大変に遅れてしまって、申しわけありま　Извини́те за то, что я (так) си́льно
せん。　　　　　　　　　　　　　イズヴィニーチェ　ザ　ト　シト　ヤー（ターク）　スィーリナ
　　　　　　　　　　　　　　　　опозда́ла.
　　　　　　　　　　　　　　　　アパズダーラ

ご協力に感謝します。　　　　　　Благодарю́ вас за то, что вы
　　　　　　　　　　　　　　　　ブラガダリュー　ヴァス　ザ　ト　　シト　ヴィ
　　　　　　　　　　　　　　　　помогли́ мне.
　　　　　　　　　　　　　　　　パマグリ　　ムニェ

あなたのことは、決して忘れません。　Я никогда́ не забу́ду о вас.
　　　　　　　　　　　　　　　　ヤー　ニカグダー　ニ　ザブードゥー　ア　ヴァス

お達者で！（残る人に）　　　　　Счастли́во остава́ться.
　　　　　　　　　　　　　　　　シャスリーヴァ　　アスタヴァッツァ

ワンポイント アドバイス

今まで出てきた主語のない表現法（無人称文）を以下にまとめてみました。時制の違いも、было を使うか、それとも будет を使うか、あるいは両方使わないかだけですので、マスターしやすいと思います。

[現在]：人(与)＋形容詞(-o)　　　＝（〜である、です）
[過去]：人(与)＋было＋形容詞　＝（〜だった、でした）
[未来]：人(与)＋будет＋形容詞　＝（〜だろう、でしょう）

「無人称文の構文」

[人(主語)]	現在／過去／未来	[形容詞(-o)]
Мне [私は]		тепло́ （暖かい）
Тебе́ [きみは]		хо́лодно （寒い）
Ему́ [彼は]		прия́тно （快適だ）
Ей [彼女は]	＋ なし／бы́ло／бу́дет ＋	тру́дно （難しい）
Нам [私たちは]		легко́ （簡単だ）
Вам [あなた(たち)は]		я́сно （明らかだ）
Им [彼(女)らは]		сты́дно （恥ずかしい）

練習　復習しながら話してみよう

B55 ●基本会話の練習をしましょう！

B56 ●応用会話の練習をしましょう！

1. Вам не (　　)?　　　　　　　　寒くありませんか。
　– Нет, мне тепло́.　　　　　　　—いいえ、暖かいです。

2. Что случи́лось?　　　　　　　どうしました？
　– Я (　　) кошелёк.　　　　　　—財布をなくしました。

3. До свида́ния!　　　　　　　　さようなら。
　– (　　) остава́ться.　　　　　　—お達者で！

解答　1. хо́лодно　　2. потеря́л　　3. Счастли́во

Уро́к 26　帰 国

チェックタイム ❽

●第23課から第26課までの復習です。カッコの中に適切な言葉を1語入れて、文を完成させてください。次に、CDを聞いて答を確かめ、発音練習をしましょう。

1. За ва́ше (　　)! あなたのご健康を祝して！
2. Что с ва́ми? どうしましたか。
   – Я (　　). —お腹がペコペコなんです。
3. (　　) на здоро́вье. どうぞお召し上がりください。
4. Я уже́ (　　). もう満腹です。
5. Ско́лько э́то (　　)? これはいくらですか。
6. (　　) э́то. これをおひとつどうぞ。
7. Па́льчики (　　). ほっぺたが落っこちそう。
8. Пятьсо́т рубле́й за (　　). 1キロ500ルーブル。
9. (　　). 高いよ。
10. Что вы хоти́те? 何が欲しいですか。
    – (　　) с ветчино́й. —ハムのオープンサンドです。
11. Как вы (　　) чу́вствуете? ご気分はいかがですか。
12. Меня́ (　　). 寒気がします。
13. Что с ва́ми? どうしましたか。
    – У меня́ (　　). —熱があるんです。
14. Вам не (　　)? 暑くありませんか。
    – Нет, мне тепло́. —いいえ、暖かいです。
15. Что случи́лось? どうしましたか。
    – Я потеря́л (　　). —財布をなくしました。

解答　1. здоро́вье　2. го́лоден / голодна́　3. Ку́шайте　4. сыт / сыта́　5. сто́ит
6. Попро́буйте　7. обли́жешь　8. килогра́мм　9. До́рого　10. Бутербро́д
11. себя́　12. зноби́т　13. температу́ра　14. жа́рко　15. кошелёк

カルチャーコラム⑥

行列のできる……

　ひところ、何をするにしても、ロシアの生活に о́чередь《行列》は欠かせないものでした。今でも旧来の方式をとるマーケットなどでは、夕方の混雑時にこの行列を目にします。なにしろ、売り場で商品を見せてもらい（さらには、伝票を渡されることもあります）、レジに行って代金を払ってレシートを受け取り、また売り場に戻ってそのレシートと交換に商品を受け取るといった手間のかかるソ連方式では、ちょっと混みだすと客は「あっ！」という間に長蛇の列になってしまいます（説明も長くなってしまいましたね）。

　また、いくら勤勉に仕事をしても給料の査定に関係のない銀行やお役所の窓口などでは、相変わらず人が並んでいたりします。しかしロシア人の忍耐力たるや並外れているのか、待つことには何の苦もない（？）ようです。

　さらに驚かされるのは、列に知り合いがいれば、「横入りが自由」という習慣です。しかしこれも、ものは考えようで自分もやればいいだけのこと。それよりも恐ろしいのは、いくら人がいようが、昼休み（たっぷり１時間はくだりません！）がくると窓口が無情にも閉められてしまうことです。これにはまさに閉口です。

　劇場では、クロークにコートなどを預けた場合オペラグラスを借りていると、芝居が終わった際に、優先的に並ばずに（без о́череди）受け取れます。ですから、オペラグラスが必要でなくても列に並びたくない人は借りたりします。

　ここでロシアの小話 анекдо́т を１つ。あまりの行列の長さにうんざりした男が、腹を立ててピストルを持って家を出ました。行く先を尋ねる妻に向かって、「こんな不便な世の中にした、この国の指導者を始末してくる！」そう息巻いて家を出たのですが、しばらくすると男は意気消沈して戻ってきました。そしてけげんそうな妻に向かってひと言。「ちくしょう、暗殺するのにも長蛇の列だ！」

実力診断テスト II

1. CDを聞きながら、カッコの中の日本語を参考にして、次の（1）〜（12）の質問にロシア語で答えてください。

（1）Какой язык вы изучаете?（ロシア語）　（2）Вы говорите по-русски?（少し）

（3）Кто вы по национальности?（日本人）　（4）Кто вы по специальности?（経済）

（5）Кем вы работаете?（エンジニア）　（6）Куда вы идёте?（市場）

（7）Как пройти отсюда до метро?（まっすぐ）　（8）Сколько это стоит?（100ルーブル）

（9）Сколько вас человек?（4人）　（10）Как вы себя чувствуете?（良くない）

（11）Сколько вам лет?（25歳）　（12）Что это такое?（キャベツの酢漬け）

2. 次の表現をロシア語で言ってください。そのあと、CDを聞いて答を確かめてください。

（1）私は熱があります。　（2）吐き気がします。

（3）とても頭が痛い。　（4）寒気がします。

（5）誕生日おめでとう。　（6）お達者で。

（7）たんとお召し上がりください。　（8）健康を祝して乾杯！

（9）ご成功をお祈りします。　（10）実は、彼女を愛しているのです。

3. 次のロシア語が日本語と同じ意味になるように、カッコの中に適切な言葉を1語入れて、文を完成させてください。そのあと、CDを聞いて答を確かめてください。

（1）Что ты будешь（　　）весной?　　春は何をする予定ですか。

（2）Я буду（　　）на даче.　　別荘で休暇を取ります。

（3）Когда она（　　）здесь?　　いつ彼女はここに来るの？

（4）（　　）два часа.　　2時間後です。

(5) (　　), Га́ля до́ма?　　　　　　もしもし、ガーリャさんはご在宅ですか。

(6) (　　) мину́тку.　　　　　　　お待ちください。

(7) Что (　　)?　　　　　　　　何か伝言しましょうか。

(8) Вы не туда́ (　　).　　　　　　間違い電話ですよ。

(9) С (　　) име́ю честь говори́ть?　どちら様ですか。

(10) (　　) мне ключ от но́мера.　　部屋のかぎをください。

(11) (　　). Э́то Са́ша.　　　　　　紹介します。こちらはサーシャです。

(12) Вам (　　) Москва́?　　　　　モスクワは気に入りましたか。

(13) (　　) вы́пьем.　　　　　　　いっしょに飲みましょう。

(14) (　　) в кино́.　　　　　　　映画に行こう。

(15) Мне (　　) ваш сове́т.　　　　あなたの助言が必要です。

(16) Вы уме́ете (　　) на пиани́но?　あなたは、ピアノが弾けますか。

(17) Бо́же мой! Я потеря́л (　　).　何てことだ、財布をなくした。

(18) Я (　　) изуча́ть ру́сский язы́к.　私はロシア語を勉強します。

4．次の日本語をロシア語で言ってみましょう。そのあと、CDを聞いて答を確かめてください。

(1) お腹がすきました。　　　　(2) 今は忙しいです。

(3) 今晩は暇です。　　　　　　(4) もう満腹です。

(5) あなたに賛成です。　　　　(6) 彼女はかわいいですね。

(7) エレヴェーターは故障中です。(8) 何て暑いんでしょう。

(9) 外は寒かった。　　　　　　(10) とても高い。

(11) 何て安いんだ。　　　　　　(12) どうぞお召し上がりください。

(13) 遊びに来てください。　　　(14) 味見してみてください。

[解答例]

1. （1）Я изуча́ю ру́сский язы́к.　（2）Да, немно́жко.
   （3）Я япо́нец / япо́нка.　（4）Я экономи́ст.
   （5）Я инжене́р.　（6）Я иду́ на ры́нок.
   （7）Иди́те пря́мо.　（8）Сто рубле́й.
   （9）Нас че́тверо.　（10）Мне нехорошо́. / Пло́хо.
   （11）Мне 25 лет.　（12）Э́то ква́шеная капу́ста.

2. （1）У меня́ температу́ра.　（2）Меня́ тошни́т.
   （3）У меня́ си́льно боли́т голова́.　（4）Меня́ знобит.
   （5）Поздравля́ю вас с днём рожде́ния.　（6）Счастли́во остава́ться!
   （7）Прия́тного аппети́та!　（8）За ва́ше здоро́вье!
   （9）Жела́ю вам успе́хов.　（10）Де́ло в том, что я её люблю́.

3. （1）де́лать　（2）отдыха́ть　（3）бу́дет　（4）Че́рез
   （5）Алло́　（6）Подожди́те　（7）переда́ть　（8）попа́ли
   （9）кем　（10）Да́йте　（11）Познако́мьтесь　（12）понра́вилась
   （13）Дава́йте　（14）Пойдём　（15）ну́жен　（16）игра́ть
   （17）кошелёк　（18）бу́ду

4. （1）Я го́лоден / голодна́.　（2）Сейча́с я за́нят(а́).
   （3）Сего́дня ве́чером я свобо́ден/ свобо́дна.　（4）Я уже́ сыт / сыта́.
   （5）Я согла́сен/ согла́сна с ва́ми.　（6）Она́ симпати́чная.
   （7）Лифт не рабо́тает.　（8）Как жа́рко!
   （9）На у́лице бы́ло хо́лодно.　（10）О́чень до́рого.
   （11）Как дёшево!　（12）Ку́шайте на здоро́вье.
   （13）Приезжа́йте ко мне в го́сти.　（14）Попро́буйте.

巻末付録

- 文法のあらまし
- 覚えておきたい便利な単語

文法のあらまし

　どんな言語でも、マスターしようとすれば最低10ページは暗記の必要な文法事項があるといわれています。ここではそれをもっと絞って、4ページにまとめてみました。忘れた時はすぐにページを開いて、ぜひ頭に入れてください。

1．名詞の性の区別

　ロシア語は便宜的に語尾で3つの「性」に区別します。この「性」に応じて、形容詞や動詞の語尾も変わりますので、1つひとつ確認する必要があります。

男性名詞 ⇒ -й, - 子音, -ь　【例】　чай（お茶）　　стол（机）　　словарь（辞書）
女性名詞 ⇒ -а, -я, -ь　　　【例】　мама（ママ）　семья（家族）　площадь（広場）
中性名詞 ⇒ -о, -е, -мя　　　【例】　молоко（牛乳）　поле（草原）　время（時間）

◎ папа（パパ）や дядя（叔父）のように語尾が女性でも、意味は男性ですから、この場合は現実の「性」が優先して、男性名詞扱いになります。
◎ -ь で終わる語は、男女両方の性があるので、そのつど確認が必要です。

2．名詞の複数形の作り方

　基本的には語尾を ы か и にすると、複数形になります。
　また、стул（イス）→ стулья、голос（声）→ голоса のように、不規則変化もあります。

男性名詞
① - 子音 + ы（ただし к, г, х, ж, ч, ш, щ のあとは и）
　【例】　студент（学生）→ студенты　　учебник（教科書）→ учебники
② -й, -ь → -и に変える。
　【例】　музей（博物館）→ музеи　　рояль（ピアノ）→ рояли

女性名詞
① -а → -ы に変える（ただし к, г, х, ж, ч, ш, щ のあとは и）。
　【例】　газета（新聞）→ газеты　　дача（別荘）→ дачи
② -я, -ь → -и に変える。
　【例】　идея（考え）→ идеи　　тетрадь（ノート）→ тетради

中性名詞
① -о → -а に変える。【例】　окно（窓）→ окна　　письмо（手紙）→ письма
② -е → -я（ж, ч, ш, щ, ц のあとは -а）に変える。
　【例】　море（海）→ моря　　солнце（太陽）→ солнца

③ -мя → -мена に変える。
【例】 врéмя（時間）→ временá

3．名詞の格変化表

ロシア語には、日本語のように「てにをは」を表す助詞がないので、語尾を変化させてさまざまな働きをさせます。語尾変化を正しく使いこなすためには、どうしても丸暗記が必要です。

単 数

格＼性	男性(人)	男性(物)	中 性	女 性
主格(は)	студéнт	теáтр	молокó	минýта
生格(の)	студéнта	теáтра	молокá	минýты
与格(に)	студéнту	теáтру	молокý	минýте
対格(を)	студéнта	теáтр	молокó	минýту
造格(で)	студéнтом	теáтром	молокóм	минýтой
前置格	студéнте	теáтре	молокé	минýте

◎男性名詞で動物や人を表す場合は、[生格＝対格]になり、そのほかの場合には[主格＝対格]になります。
◎女性名詞はつねに[与格＝前置格]です。

複 数

複数形の変化は、単数形の変化ほどバリエーションがありませんので、覚えやすいと思います。また、複数形になるとアクセントの位置が変わる語もあるので気をつけてください。

格＼性	男性(人)	男性(物)	中 性	女 性
主 格	студéнты	музéи	моря́	минýты
生 格	студéнтов	музéев	морéй	минýт
与 格	студéнтам	музéям	моря́м	минýтам
対 格	студéнтов	музéи	моря́	минýты
造 格	студéнтами	музéями	моря́ми	минýтами
前置格	студéнтах	музéях	моря́х	минýтах

◎名詞の「格」のそれぞれの働きと例については、67頁を参照してください。

4．形容詞の語尾変化

　形容詞は、次にくる名詞の「性」、「数」そして「格」に応じて変化します。代表例を挙げておきますので、気長に覚えてください。

主　格	но́вый+男性	но́вое+中性	но́вая+女性	но́вые+複数
生　格	но́вого	но́вого	но́вой	но́вых
与　格	но́вому	но́вому	но́вой	но́вым
対　格	но́вый/но́вого	но́вое	но́вую	но́вые/но́вых
造　格	но́вым	но́вым	но́вой	но́выми
前置格	но́вом	но́вом	но́вой	но́вых

◎男性名詞と複数形の「対格」は、人や生き物であれば「生格」と一致し、それ以外は「主格」と一致します。

5．代名詞の変化表

　代名詞も6つの格変化をします。代名詞の格変化は、変化のパターンがかなり重複しているうえに、形がどれも似通っているので混乱してしまいますが、ここを越えればあとは楽になるはずです。

主　格	я	ты	мы	вы	он/оно́	она́	они́
生　格	меня́	тебя́	нас	вас	его́	её	их
与　格	мне	тебе́	нам	вам	ему́	ей	им
対　格	меня́	тебя́	нас	вас	его́	её	их
造　格	мной	тобо́й	на́ми	ва́ми	им	ей	и́ми
前置格	мне	тебе́	нас	вас	нём	ней	них

◎原則は〔生格＝対格〕です。
◎яとтыでは〔与格＝前置格〕、мыとвыでは〔生格＝対格＝前置格〕です。
◎она́は〔与格＝造格〕です。
◎3人称の「主格」と「前置格」以外では、前置詞が前にくるとнが付きます。
　【例】 У него́ пробле́ма.　　С ни́ми хорошо́.

6．動詞の語尾変化（現在形）

　動詞は、現在形語幹（普通は語尾の -ть または -ить を取った形）の後ろに、6つの語尾をつけ、主語に応じて変化させます。

主　語	я	ты	он/она́	мы	вы	они́
第1変化	-ю	-ешь	-ет	-ем	-ете	-ют
第2変化	-ю	-ишь	-ит	-им	-ите	-ят

◎第2変化の例：говорю́ → говори́шь → говори́т → говори́м → говори́те → говоря́т

◎上記のほかに я と они́ が主語の場合、動詞によっては以下のような語尾変化をする場合があります。
　　Я：-ю ⇒ -лю, -у　　【例】　Я люблю́ э́то　　　　Я иду́ в метро́.
　　Они：-ют ⇒ -ут, -ат　【例】　Они́ живу́т здесь.　　Они́ у́чатся в шко́ле.

◎動詞によっては、現在形の語幹が変わるものがあるので気をつけましょう。
　　【例】　жить（住む）　→　жив + [-у́, -ёшь, -ёт, -ём, -ёте, -у́т]
　　　　　про́бовать（試す）　→　про́бу + [-ю, -ешь, -ет, -ем, -ете, -ют]

◎このほかに混合した変化形や、不規則形があります。

7．不規則動詞の変化形

　本文中に出てきた不規則動詞の変化形をまとめてみました。覚えて自由に使えるようにしましょう。

動詞\主語	быть ～だろう	хоте́ть ～したい	идти́ 行く	е́хать 行く	есть 食べる	пить 飲む	*взять 手に入れる
я	бу́ду	хочу́	иду́	е́ду	ем	пью	возьму́
ты	бу́дешь	хо́чешь	идёшь	е́дешь	ешь	пьёшь	возьмёшь
он(а)	бу́дет	хо́чет	идёт	е́дет	ест	пьёт	возьмёт
мы	бу́дем	хоти́м	идём	е́дем	еди́м	пьём	возьмём
вы	бу́дете	хоти́те	идёте	е́дете	еди́те	пьёте	возьмёте
они	бу́дут	хотя́т	иду́т	е́дут	едя́т	пьют	возьму́т

【注】　＊は完了体。

覚えておきたい便利な単語

1. 家族

おじいさん	де́душка	おばあさん	ба́бушка
父	оте́ц	母	ма́ть
パパ	па́па	ママ	ма́ма
両親	роди́тели	子ども	де́ти
兄（弟）	брат	姉（妹）	сестра́
息子	сын	娘	дочь
孫	внук	孫娘	вну́чка
おじ	дя́дя	おば	тётя

2. 職業

エンジニア	инжене́р	サラリーマン	слу́жащий
編集者	реда́ктор	ジャーナリスト	журнали́ст
作家	писа́тель	詩人	поэ́т
俳優	актёр	画家	худо́жник
教員	учи́тель	大学の教師	преподава́тель
警官	милиционе́р		
主婦	домохозя́йка		
実業家	бизнесме́н		
年金生活者	пенсионе́р		
医者	врач		
看護師	медсестра́		

3．食べ物

パン	хлеб	米	рис
ヌードル	лапша́	クレープ	блин
塩	соль	砂糖	са́хар
チーズ	сыр	卵	яйцо́
バター	ма́сло	ジャム	варе́нье
野菜	о́вощи	肉	мя́со
魚	ры́ба		
ソーセージ	колбаса́		
ハム	ветчина́		
ウインナー	соси́ски		

4．飲み物

飲み物	напи́ток	水	вода́
熱湯	кипято́к	コーヒー	ко́фе
紅茶	чай	クワス	квас
ジュース	сок	ミルク	молоко́
レモネード	лимона́д	カクテル	кокте́йль
コニャック	конья́к	ウイスキー	ви́ски
ワイン	вино́	シャンパン	шампа́нское
ビール	пи́во	ウオッカ	во́дка

覚えておきたい便利な単語

5．料理、お菓子

オムレツ	омле́т	サラダ	сала́т
ボルシチ	борщ	ピロシキ	пирожки́
スープ	суп	キャベツスープ	щи
前菜	заку́ска	水餃子	пельме́ни
デザート	десе́рт	チョコレート	шокола́д
ビスケット	бискви́т	キャンディー	конфе́ты
アイスクリーム	моро́женое	ゼリー菓子	мармела́д
ケーキ	пиро́жное	デコレーションケーキ	торт

6．果物、野菜

オレンジ	апельси́н	すいか	арбу́з
パイナップル	анана́с	りんご	я́блоко
なし	гру́ша	メロン	ды́ня
ぶどう	виногра́д	バナナ	бана́н
トマト	помидо́р	キャベツ	капу́ста
玉ねぎ	лук	きゅうり	огуре́ц
なす	баклажа́н		
にんじん	морко́вь		
じゃがいも	карто́фель		
かぼちゃ	ты́ква		

覚えておきたい便利な単語

7．電化製品

テレビ	телеви́зор	ラジオ	ра́дио
冷蔵庫	холоди́льник	レンジ	плита́
掃除機	пылесо́с	アイロン	утю́г
エアコン	кондиционе́р	リモコン	пульт
電話	телефо́н	ファックス	факс
コンピューター	компью́тер	プリンター	при́нтер
カメラ	фотоаппара́т	スキャナー	ска́нер

8．街　角

公園	парк	庭	сад
学校	шко́ла	大学	университе́т
ターミナル駅	вокза́л	駅	ста́нция
レストラン	рестора́н	カフェ	кафе́
食堂	столо́вая	博物館	музе́й
教会	це́рковь	市場	ры́нок
お店	магази́н	劇場	теа́тр
サーカス	цирк	別荘	да́ча

覚えておきたい便利な単語

9. 月、季節

1月	янва́рь	2月	февра́ль
3月	март	4月	апре́ль
5月	май	6月	ию́нь
7月	ию́ль	8月	а́вгуст
9月	сентя́брь	10月	октя́брь
11月	ноя́брь	12月	дека́брь
春	весна́	夏	ле́то
秋	о́сень	冬	зима́

10. 曜日、期間

月曜日	понеде́льник	火曜日	вто́рник
水曜日	среда́	木曜日	четве́рг
金曜日	пя́тница	土曜日	суббо́та
日曜日	воскресе́нье		
週	неде́ля	月	ме́сяц
きのう	вчера́	きょう	сего́дня
あした	за́втра		
朝に	у́тром		
昼に	днём		
夕方に	ве́чером		
夜中に	но́чью		

覚えておきたい便利な単語

11. 序数詞

第1番目の	пе́рвый	第2番目の	второ́й
第3番目の	тре́тий	第4番目の	четвёртый
第5番目の	пя́тый	第6番目の	шесто́й
第7番目の	седьмо́й	第8番目の	восьмо́й
第9番目の	девя́тый	第10番目の	деся́тый
第11番目の	оди́ннадцатый	第12番目の	двена́дцатый
第20番目の	двадца́тый	第21番目の	два́дцать пе́рвый
第40番目の	сороково́й	第50番目の	пятидеся́тый

12. 住居

アパート	кварти́ра	部屋	ко́мната
ドア	дверь	窓	окно́
机	стол	いす	стул
ソファー	дива́н	ベッド	крова́ть
棚	шкаф	鏡	зе́ркало
玄関口	подъе́зд	台所	ку́хня
トイレ	туале́т		
バスルーム	ва́нная		
寝室	спа́льня		
書斎	кабине́т		

覚えておきたい便利な単語

13. 身に付ける物

衣類	одéжда	スーツ	костю́м
ズボン	брю́ки	スカート	ю́бка
ワンピース	плáтье	毛皮のコート	шýба
ワイシャツ	рубáшка	ソックス	носки́
(つばのある)帽子	шля́па	ネクタイ	гáлстук
手袋	перчáтки	バッグ	сýмка
かさ	зóнтик	靴	боти́нки
メガネ	очки́	ショール	платóк

14. 郵便

手紙	письмó	封筒	конвéрт
切手	мáрка	はがき	откры́тка
電報	телегрáмма	小包	посы́лка
軽量小包	бандерóль	書留	заказнóе

15. 交通機関

飛行機	самолёт	電車	электри́чка
自動車	маши́на	タクシー	такси́
地下鉄	метрó	バス	автóбус
路面電車	трамвáй	トロリーバス	троллéйбус
オートバイ	мотоци́кл	自転車	велосипéд

覚えておきたい便利な単語

16. 食 卓

ナイフ	нож	フォーク	ви́лка
スプーン	ло́жка	皿	таре́лка
コップ	стака́н	ティーカップ	ча́шка
ティーポット	ча́йник	ナプキン	салфе́тка

17. 植 物

ばら	ро́за	すみれ	фиа́лка
チューリップ	тюльпа́н	ゆり	ли́лия
サボテン	ка́ктус	桜	ви́шня
白樺	берёза	樫	дуб

18. 形容詞

新しい	но́вый	古い	ста́рый
重い	тяжёлый	軽い	лёгкий
明るい	све́тлый	暗い	тёмный
速い	бы́стрый	遅い	ме́дленный
白い	бе́лый	黒い	чёрный
赤い	кра́сный	黄色い	жёлтый
青い	си́ний	水色の	голубо́й
緑の	зелёный	ばら色の	ро́зовый

157　覚えておきたい便利な単語

プレ授業の全訳

出迎え

B ：ヴァロージャ
Ю ：ゆう子

B ：ようこそ、ゆう子さん！
Ю ：まあ、ヴァロージャ！　こんにちは。
B ：久しぶりですね。
Ю ：お出迎えありがとう。
B ：どういたしまして。モスクワはいかがですか。
Ю ：すばらしいわ！　とうとう夢がかないました。
B ：おめでとうございます。
Ю ：ありがとう。ねえ、どこでタクシーを手配したらいいのでしょう？
B ：その必要はありません。(私の) 車がありますから。ホテルまで送ってあげますよ。
Ю ：ありがとうございます。ところで私、のどが渇いてしまって。機内がとても暑かったものですから。
B ：ほら、あそこにビュッフェがありますよ。行きましょう。
Ю ：でも、私、ルーブルがないんです。
B ：心配しないで。私におごらせてください。
Ю ：すみません。ヴァロージャ、これは何ですか。
B ：初めてですか。これがロシアのクワスです。
Ю ：これが？　私、これがいいな。あなたは？
B ：ぼくも。さあ、出会いに乾杯しましょう。
Ю ：まあ、なんておいしいんでしょう！　気に入りました。
B ：ゆう子さんは、モスクワで何をしたいのですか。
Ю ：まず、トレチャコフ美術館に行って、それからボリショイ劇場でバレエを観てみたいわ。

В ：なるほど。芸術が好きなんですね。でも、まずは、私の家に遊びに来てください。
Ю ：わかりました。必ずうかがいます。
В ：これで話は決まりましたね。モスクワでの休暇が、快適であるよう祈っています。
Ю ：本当にありがとうございます。
В ：さあ、ホテルに出発しましょう。
Ю ：どれぐらい時間がかかりますか。
В ：1時間ぐらいです。ですから今夜にも、劇場に行けますよ。
Ю ：本当ですか。でも、ちょっと疲れました。
В ：何を言っているんですか。時間はあっという間に過ぎてしまいますよ。
Ю ：おっしゃるとおりですね。行きましょう！ でも、劇場ではなくて、レストランにしましょう。私、お腹がペコペコなんです。
В ：それは気がつかなくて、失礼しました。
Ю ：いいんです。私も今、気がついたところですから。

　日本人のゆう子が、旅行でロシアを訪れ、空港で友だちのヴァロージャに出迎えられている場面です。

　プレ授業で使っているほとんどの単語やフレーズは、テキストの中ですでに習ったものですので、何度も聞いているうちに内容はわかってきたと思います。もし、わからない部分があったら、そこをもう一度復習してください。

　プレ授業の内容が十分に聞き取れ、理解できるようになったら、CDに近いスピードで話せるように練習してみましょう。

●著者
阿部　昇吉（あべ　しょうきち）
1956年宮城県生まれ。
早稲田大学大学院修士課程（ロシア文学専攻）修了。ロシア文学研究・翻訳家。現在、創価大学で教鞭をとっている。
おもな著書：
『やさしいロシア語　カタコト会話帳』
（すばる舎）
『ゴロでおぼえるロシア語』
（Amazon Kindle）
『名スピーチで学ぶロシア語』
（IBCパブリッシング）
『ロシア語手紙の書き方』
（国際語学社）　など

▶編集　　成田哲郎

▶協力　　藤原志麻

▶制作協力　㈱ロガータ
　　　　　㈱エディポック

▶ロシア語ナレーター
スヴェトラーナ・ラティシェヴァ（女性）
セルゲイ・ロマノフ（男性）

▶日本語ナレーター
永島由子（ながしま　ゆうこ）
「怪盗セイント・テール」の高宮リナ役や「魔法騎士レイアース」のカルディナ役でおなじみの人気声優。

▶写真提供
ジェーアイシー旅行センター㈱

カバー・本文デザイン　㈱エディポック
カバーイラスト　　　　本田昭成
本文イラスト　　　　　宮重千穂

東進ブックス

今すぐ話せるロシア語　［入門編］

2001年4月2日　初版発行
2017年8月21日　第8版発行

著　　者　●阿部昇吉
発行者　●永瀬昭幸
発行所　●株式会社ナガセ
出版事業部　〒180-0003 東京都武蔵野市吉祥寺南町1-29-2
　　　　　　電話 0422-70-7456　FAX 0422-70-7457
　　　　　　Printed in Japan
印刷製本　●大日本印刷株式会社

©Shokichi Abe 2001　　＊乱丁・落丁本はお取り替えいたします。
ISBN978-4-89085-193-5 C0087

●ビジネス中国語講座●
－神速大師系統－

DVDで ビジネスコミュニケーションに必要な
発音・文法の基礎をマスター！
ゼロからはじめて楽しくわかる！

こんな方におすすめします！

- 会社で中国との取引が増えて中国語力が必要になった
- 急に中国への出張を命じられた
- 勉強したことがそのまま使える、ビジネスパーソン向けの題材で学びたい

◆◆◆商品構成◆◆◆

各DVDとワークブックには6つのレッスンが、講座全体では24のレッスンが収められています。すべての商品はDVDの講義と連動しており、互いに補完しあい、定着を深める役割を果たしています。

映　像
- 発音編 DVD1枚 …1レッスン30分×6レッスン
- 基礎編 DVD3枚 …1レッスン30分×6レッスン×3枚

テキスト
- 発音編ワークブック 1冊（ドリル、コラムつき）
- 基礎編ワークブック 3冊（ドリル、コラムつき）

音　声
- 聴きなが CD2枚 …発音編1枚、基礎編1枚
- 繰りかえ CD2枚 …発音編1枚、基礎編1枚
- ポケットブック 1冊

価格 ￥57,750（税込）

TOSHIN BUSINESS SCHOOL
東進ビジネススクール

●ビジネス中国語講座●
－神速大師系統－

ビジネスシーンの中で
聞く・話す・読む・書くが同時に学べる！

●監修／楊凱栄　●筆者／鈴木武生　●執筆協力／山口直人

「神速大師系統」はSuper-Speed Master Systemという意味で、はじめて中国語を学ぶビジネスパーソンのために特別に開発されました。即戦力となる中国語のコミュニケーション能力にはまず発音、そして文法知識が必須となります。それらを日本人の三原さんという主人公が中国へ出張するという場面設定を通じて、毎ユニット飽きることなく最小限の時間でマスターできるようにデザインされています。

3つのコンセプト

1 モチベーション

初学者が語学学習に成功する最大の要因は「いかにモチベーションを高めるか」であるととらえています。DVDによるわかりやすい授業と、チャーミングな中国人ネィティブによる「発音デモ」が学習のペースメーカーとなります。

2 生きた中国語

ビジネスパーソンが実際に中国で遭遇する場面の中で、会話を通じて文法の習得をすることができます。「文法は理解したけれど、実際には覚えた例文はどんなときに使えるの？」という悩みは一切不要です。日本人が混乱しやすい項目は、とくに丁寧に取り上げていますので、中国語的な表現方法を直感的に理解しながら慣れていくことができます。

3 実践トレーニング

文法項目を知識として覚えるのではなく、トレーニングを実践して中国語の基礎を体得することを目指します。冗長な説明は一切なし、文法書を読む苦痛は不要です。

東進Ｄスクール
〒180-0003 東京都武蔵野市吉祥寺南町1-29-2

TOSHIN BUSINESS SCHOOL 東進ビジネススクール

お支払いは「クレジット・カード」または「代金引き替え（宅配）」となります。【商品の返品について】ご購入頂きました商品は、

聞く・話す・読む・書くの4技能をフル活用して「使える中国語」をマスター!

本講座では、「聞く」「話す」「読む」「書く」の中国語の4技能を色々な形で学習することにより「使える中国語」をマスターできます。この講座を制作した私たちと同じ強い熱意で学習していただければ、皆さんの中国語力アップは間違いなしです。生活の様々なシーンで積極的に活用して、学習事項を確実にマスターしてください。
スタッフ一同、皆さんのご健闘をお祈りします!

◆◆◆商品の使い方◆◆◆

『DVD』を学習のペースメーカーに!

この講座の中心となる教材は、発音編1枚と基礎編3枚のDVDです。テキストを開かなくても、ご自宅でリラックスしながら気軽に視聴が可能。苦痛を感じることなく学習を進めることができます。

『リスニングCD』はお好みで生活シーンに合わせて!

休日などにしっかり学習したい気分のときには、『繰りかえCD』。学習した用例だけでなく、ワークブックのドリルの例文も収録されており、後ろにリピートするポーズが入っています。ポーズの部分で、ネイティブの声の後に続いて、何度も繰り返し声に出して読む練習をしましょう。

気軽に中国語に触れたいときにはオシャレなジャズが流れる『聴きながCD』。学習した用例が対訳つきで収録されているので、辞書を参照することなく聞くことができます。料理をしながら、お風呂に入りながら、お好きなときにお好きな場所でリラックスして聞いてください。

『ワークブック』で中国語をさらに詳しく理解・定着!

ワークブックでは、DVDと同じ学習内容をより深く理解できます。各レッスンには初めに学習内容の解説があり、その後にドリルがついています。Round 1から4まであり、難しすぎると感じることなく、徐々に実力がつくように編纂されています。

『ポケットブック』はちょっとしたお出かけ、通勤のお供に!

聴きながCDを聞いていても、「あれ、この単語どういう漢字だったかな?ピンインはどう書くんだっけ?」と思うこともあるはず。そこで収録内容がすべて参照できる『ポケットブック』をご用意しました。携帯に便利な薄めのコンパクトサイズです。

●お申込み、お問い合わせは (受付時間／10:00〜21:00)

0120-857-104

初期不良品・当社誤送の場合以外のお客様ご都合での返品は原則お受け致しておりませんのでご了承ください。

こんなレッスン受けたかった！

必要最小限の文法事項を、平易なことばで説明！
先生の講義を聞くように読み進められる、新しい文法書です。

スペイン語をはじめからていねいに
定価 1365円　CD付き

ドイツ語をはじめからていねいに
定価 1365円　CD付き

フランス語をはじめからていねいに
定価 1365円　CD付き

中国語をはじめからていねいに
定価 1575円　CD付き

韓国語をはじめからていねいに
定価 1575円　CD付き

発音練習や、文法説明のためにあげた例文などをネイティブが音読しています。学習にお役立てください。